ज़िन्दगी से प्यार और अन्य कहानियाँ

कहानी

ज़िन्दगी से प्यार और अन्य कहानियाँ

जैक लण्डन

अनुवाद

सत्यम / रामकृष्ण पाण्डेय

ISBN : 978-81-267-0716-4

मूल्य : ₹150

पहला संस्करण : 2003
दूसरी आवृत्ति : 2024

प्रकाशक : राजकमल प्रकाशन प्रा.लि.
1-बी, नेताजी सुभाष मार्ग, दरियागंज
नई दिल्ली-110 002

शाखाएँ : अशोक राजपथ, साइंस कॉलेज के सामने, पटना-800 006
पहली मंजिल, दरबारी बिल्डिंग, महात्मा गांधी मार्ग, प्रयागराज-211 001
1, अनमोल सोराबजी संतुक लेन, धोबी तलाव, मरीन लाइंस, मुम्बई-400 002

वेबसाइट : www.rajkamalprakashan.com
ई-मेल : info@rajkamalprakashan.com

आवरण-चित्र : *वासिली वासिल्येविच वेरेश्चागिन (1842-1904)*
की पेंटिंग 'स्नोज ऑफ दि हिमालयाज़'

चयन *रामबाबू*
संयोजन *हरीश आनंद*

मुद्रक : बी.के. ऑफसेट
नवीन शाहदरा, दिल्ली-110 032

ZINDAGI SE PYAR AUR ANYA KAHANIYAN
Short Stories by Jack London
Translated by Styam / R.K. Pandy

प्रकाशकीय

नई शताब्दी के प्रवेश-वर्ष में हिन्दी पाठकों के लिए विशेष उपहार के तौर पर हम आधुनिक विश्व-क्लासिकी की तीन शृंखलाएँ प्रस्तुत कर रहे हैं—**धरोहर, परम्परा** और **विरासत**।

धरोहर के अन्तर्गत हम पुनर्जागरण (रेनेसाँ) और प्रबोधनकाल (एज ऑफ एनलाइटेनमेण्ट) के लगभग साढ़े तीन सौ वर्षों के दौरान की उन महानतम साहित्यिक क्लासिकी कृतियों का अनुवाद हिन्दी पाठकों के समक्ष प्रस्तुत करेंगे जो किसी एक देश या राष्ट्र की नहीं बल्कि पूरी मानव-सभ्यता की धरोहर हैं। आधुनिक विश्व साहित्य के ये प्रारम्भिक कीर्ति-शिखर, वैज्ञानिक तर्कणा और मानव-मुक्ति के भविष्य-स्वप्नों के जन्म और विकास के साक्षी दस्तावेज हैं।

परम्परा के अन्तर्गत उन्नीसवीं शताब्दी की स्वच्छन्दतावादी और महान यथार्थवादी कृतियों का प्रतिनिधि चयन प्रस्तुत किया जायेगा जिसमें मुख्यतः, 'बूढ़े यूरोप' और दीर्घ निद्रा से जागते रूस से लेकर अमेरिका की 'नई दुनिया' तक के सभी महत्त्वपूर्ण लेखकों की कृतियाँ शामिल होंगी। इस युगान्तरकारी शताब्दी के साहित्य में उस समय का सजीव चित्र मिलेगा जब मुक्ति-स्वप्नों को पैर टिकाने के लिए यथार्थ की ठोस खुरदरी जमीन मिल रही थी और उड़ान भरने के लिए स्वच्छन्द कल्पना का अनन्त आकाश।

विरासत बीसवीं शताब्दी की श्रेष्ठतम क्लासिकी रचनाओं की शृंखला है। राष्ट्रीय मुक्ति-संघर्षों और सर्वहारा क्रान्तियों के पहले चक्र के जय-पराजय की महागाथा अपने भीतर समेटे हुए, इस शताब्दी ने मानव-सभ्यता की कलात्मक सम्पदा को अतुलनीय रूप से समृद्ध किया है। नये यथार्थ की जटिलता, मानव-चेतना के उन्नत धरातल और उन्नत सामाजिक प्रयोगों ने इस शताब्दी के साहित्य को नई व्यापकता, नई ऊँचाई और अपूर्व वैविध्य प्रदान किया। औपनिवेशिक दासता से लड़ते हुए और मुक्त होते हुए लातिनी अमेरिका, एशिया और अफ्रीका के देशों में बीसवीं शताब्दी में जो साहित्य रचा गया, उसने विश्व-साहित्य को नई ऊष्मा-ऊर्जा देकर नई ऊँचाइयों तक पहुँचाया।

हिन्दी में विश्व-क्लासिकी कृतियों के अनुवाद पहले भी प्रकाशित होते रहे हैं, पर इस दिशा में अब भी बहुत कम काम हुआ है और जो हुआ है, वह भी काफी अव्यवस्थित ढंग से। **राजकमल** से विश्व की प्रसिद्ध कृतियों के अनुवाद

पहले भी लगातार छपते रहे हैं। अब हमने इस काम को व्यवस्थित ढंग से, संकल्पपूर्वक, नये सिरे से हाथ में लिया है। हमारी यह महत्त्वाकांक्षी परियोजना इसके सम्पादकों के एक वर्ष से भी अधिक समय के श्रमसाध्य शोध-अध्ययन का सुफल है और हिन्दी के योग्य-अध्यवसायी अनुवादकों की सहायता से हम इसे कार्यान्वित कर रहे हैं।

हिन्दी में स्तरीय-गम्भीर साहित्य की प्रस्तुति और विचार की संस्कृति के विकास के लक्ष्य से **राजकमल** की प्रतिबद्धता का लगभग आधी सदी पुराना इतिहास रहा है। इन शृंखलाओं का प्रकाशन इसी क्रम में हमारा एक और प्रयास है। हमें हिन्दी पाठकों से विशेष समर्थन-प्रोत्साहन पाने की आशा है। हमारा अनुरोध है कि इस परियोजना के बारे में अपनी राय और सुझाव हमें अवश्य भेजें।

इस श्रृंखला के बारे में

बीसवीं शताब्दी सामाजिक-राजनीतिक और वैचारिक-कलात्मक—दोनों ही दृष्टियों से घटना-बहुल और आवेगमय शताब्दी रही है।

इस पूरी शताब्दी के दौरान विनाशक और सर्जक प्रवृत्तियाँ, गतिरोध और प्रयोग की धाराएँ, संशय और विश्वास की अवस्थितियाँ तथा निश्चितता और अनिश्चितता की चिन्तन सरणियाँ परस्पर सतत द्वन्द्वरत रही हैं। इन सघन टकरावों के जीवन पर संघात ने कला-साहित्य के क्षेत्र में महान क्लासिकी रचनाओं को जन्म दिया है जिनके सही मूल्य के आकलन के लिए अभी कुछ दशाब्दियों, या शायद एक शताब्दी तक और प्रतीक्षा करनी चाहिए। निकट भविष्य का पूर्वानुमान जितना सुगम होता है, निकट अतीत का मूल्यांकन उतना ही कठिन। चीजों को जानने के लिए उनसे कुछ दूरी लेना जरूरी होता है।

और एक बात यह भी है, जो गौरतलब है कि इतिहास की शताब्दियाँ सामान्य गणितीय ढंग से कैलेण्डर के वर्ष गिनकर नहीं चलतीं। जैसे प्रबोधनकाल से जो शताब्दी शुरू हुई थी, उसका समापन-बिन्दु पहला विश्वयुद्ध था। और पहले विश्वयुद्ध से जो सदी शुरू हुई, वह ऐतिहासिक-अभिलाक्षणिक अर्थों में 1980 के दशक के अन्त में, एक नये नवउदारवादी, भूमण्डलीकृत भौतिक-वैचारिक विश्व की सुनिश्चित शक्ल उभरने के साथ, समापन-चरण तक पहुँच चुकी थी। नई शताब्दी की 'शुरुआत' हो चुकी थी, गतिरोध और विपर्यय के एक नये दौर के साथ। साहित्य-कला और विचारों की दुनिया में इस 'उदास-मनहूस दौर' की आहटें पहले से ही मिलने लगीं थीं।

बीसवीं शताब्दी की महान क्लासिकी कृतियों के अनुवादों की श्रृंखला—**विरासत** प्रस्तुत करते हुए, हम फिर भी, सुविधा की दृष्टि से कैलेण्डर के वर्षों के हिसाब से ही शताब्दी निर्धारित कर रहे हैं। निकट अतीत के साहित्य के मूल्य-निर्धारण में मनोगतता के खतरों से बचने के लिए, अनुवाद की इस परियोजना में पहले हम बीसवीं शताब्दी के पूर्वार्द्ध की कृतियों को चुन रहे हैं।

विगत शताब्दी के बारे में एक कामकाजी या आरजी (प्रॉविजनल) मूल्यांकन रखते हुए, इतना तो अवश्य ही कहा जा सकता है कि यदि एक शताब्दी या उससे भी अधिक समय बाद, जब कभी बीसवीं शताब्दी के रचनात्मक लेखन की बात होगी तो **मक्सिम गोर्की, रोम्याँ रोलाँ, गाल्सवर्दी, अनातोल फ्रांस, जॉर्ज बर्नार्ड शॉ, अप्टन सिंक्लेयर, जैक लण्डन, सिंक्लेयर लेविस, मयाकोव्स्की, फ़देयेव, फ़ेदिन, शोलोख़ोव, लू शुन, रवीन्द्रनाथ**

ठाकुर, प्रेमचन्द, शरत्, ब्रेष्ट, लोर्का, सार्त्र, हावर्ड फ़ास्ट, हरमन हेस, सॉमरसेट मॉम, ग्राहम ग्रीन, हेमिंग्वे, फ़ॉकनर, नाज़िम हिकमत, पाब्लो नेरूदा, ग्युण्टर ग्रास, मारखेज़, वोले शोयिंका, शिम्बोर्स्का आदि-आदि के लेखन को महान कालजयी रचनाओं में शामिल किया जायेगा। यहाँ यह स्पष्ट कर देना जरूरी है कि महान सर्जकों के नामों का यह कोई प्रातिनिधिक चयन नहीं है, न ही इसका कोई प्राथमिकता-क्रम है। इसी श्रेणी में, नामों की कम-से-कम इससे दोगुनी संख्या तो अवश्य बनती है। इस आधार पर यह विश्वासपूर्वक कहा जा सकता है कि बीसवीं शताब्दी सर्जनात्मक प्रयोगों के नये-नये आयामों, ऊँचाइयों और वैविध्य की दृष्टि से बेहद उर्वर शताब्दी रही है।

बीसवीं शताब्दी की क्लासिकी कृतियों का यह प्रतिनिधि चयन एक तरह से विगत शताब्दी के साहित्यिक परिदृश्य का एक सिंहावलोकन भी होगा। सिंहावलोकन 'इतिहासकार का गुप्त अस्त्र' कहलाता है। ऐसे समय में इस 'गुप्त अस्त्र' के इस्तेमाल की खास जरूरत है जब इस आशय के दावे खूब बड़े पैमाने पर किये जा रहे हैं कि महान आदर्शों से प्रेरित गत शताब्दी के सारे उद्यम निष्फल हो गये और सभ्यता एक दीप्तिमान, प्रतापी लेकिन अन्धी-बहरी बर्बरता की ओर मुड़ गई है। इस आशय की बात करनेवाले उत्तर-आधुनिकतावादी और उनके सगे-सहोदर सिर्फ बीसवीं शताब्दी के महान वैज्ञानिक-सामाजिक प्रयोगों के आदर्शों और भविष्य-स्वप्नों पर ही नहीं, बल्कि पुनर्जागरण काल की बुनियादी देन—मानवतावाद, और प्रबोधनकाल की मूल आस्था—तर्कबुद्धिसंगति पर ही प्रश्न खड़े कर रहे हैं। वे सर्वहारा क्रान्तियों की विफलता का साक्ष्य प्रस्तुत करते हुए विश्व-इतिहास के विकास-क्रम की व्याख्या को ही खारिज कर रहे हैं, यह कहते हुए कि अब इन 'भव्य आख्यानों' का समय बीत चुका है। इस ऐतिहासिक दावे का सत्यापन या खण्डन व्यवहार में नई शताब्दी तो करेगी ही, तार्किक-वैचारिक धरातल पर गुजरी हुई शताब्दी के इतिहास के पर्यवलोकन एवं समीक्षा के आधार पर भी देखा जा सकता है कि संशयवाद, अनिश्चयवाद और पराजयवाद का यह ऐन्द्रजालिक शब्दाडम्बर मानवद्रोही तंत्र से नाभिनालबद्ध बौद्धिक क्रीतदासों की अपनी रिक्तता और दिशाहीनता है।

बीसवीं शताब्दी के बारे में जो ज्ञानमीमांसीय संशयवादी मुक्त चिन्तन हो रहा है, उसकी अनर्गलता अकेले इस तथ्य से भी सिद्ध हो जाती है कि मानवीय सारतत्व की इतनी महान विरासत हमें सौंप जानेवाली शताब्दी के महाकाव्यात्मक मानवतावादी सामाजिक प्रयोग निष्फल-निस्सार नहीं हो सकते। क्रान्तियों की पराजय से कभी विचारधारा की मृत्यु नहीं होती और न ही उनके गर्भ से उपजी कलात्मक-सांस्कृतिक सम्पदा का नाश होता है। कुछ समय के लिए गतिरोध और विभ्रम बना रहता है, लेकिन फिर, जैसाकि **गोएठे** ने कहा है : *'विचार लौटकर आते हैं, आस्थाएँ नये सिरे से जन्म लेती हैं, परिस्थितियाँ सदा के लिए लुप्त हो जाती हैं।'*

भविष्य-स्वप्नों की कभी मृत्यु नहीं होती। उनकी धातु को गलाकर मुक्ति और

सृजन की नई परियोजनाएँ, नये सिरे से गढ़ी जाती हैं। बीसवीं शताब्दी से जो कलात्मक-साहित्यिक विरासत हमें मिली है, उसमें नये भविष्य-स्वप्नों की धातु है। हमें अतीत की समस्त सर्जनात्मक समृद्धि और ऊर्जस्विता को विस्मृति के अंधेरे कोटरों से बाहर लाना होगा। जड़ होने से बचने के लिए हमें जड़ों तक जाना होगा। कवि **रसूल हमज़ातोव** को **अबू तालिब** ने जो नसीहत दी थी, वह हम सभी को याद रखनी चाहिए : '*यदि तुम अतीत पर पिस्तौल से गोली चलाओगे, तो भविष्य तुम पर तोप से गोले बरसायेगा।*'

बसन्त के आगमन के बारे में **हजारीप्रसाद द्विवेदी** ने जो कहा था, उन्हीं शब्दों को उधार लेकर कहा जा सकता है कि शताब्दी आती नहीं, उसे लाया जाता है। भविष्य स्वयं नहीं आता, उसका आह्वान किया जाता है। बीसवीं शताब्दी जा चुकी है, पर इक्कीसवीं शताब्दी वास्तव में अभी आनी है। इसे बुलाने की वाणी और लाने की शक्ति हमें इतिहास से लेनी है, अपनी सांस्कृतिक विरासत से लेनी है।

जीवन में जो कुछ भी असुन्दर है, अनैसर्गिक है, अमानवीय है, उसके विरुद्ध संघर्ष की निरन्तरता अक्षुण्ण है। इस संघर्ष में विश्व-साहित्य की विरासत भी हमारा एक अस्त्र है। यह जीवन में सौन्दर्य के सृजन का संघर्ष है, जो अविराम जारी है। **दोस्तोयेव्स्की** का कहना था : '*सुन्दरता ही दुनिया को बचायेगी।*' बीसवीं शताब्दी की साहित्यिक विरासत भी हमें यही विश्वास दिलाती है। और आनेवाला समय हमारे इस विश्वास को और अधिक पुख्ता बनायेगा, इसका भी हमें विश्वास है।

–सम्पादक

अनुक्रम

सम्पादकीय प्रस्तावना

जैक लण्डन, उसका समय और उसका कृतित्व

जैक लण्डन के कृतित्व से हिन्दी पाठक लगभग अपरिचित हैं। अभी तो सिर्फ उसके दो उपन्यास **कॉल ऑफ़ दि वाइल्ड** और **व्हाइट फैंग** ही हिन्दी में अनूदित हुए हैं। विश्व-साहित्य में यथार्थवादी परम्परा पर कोई भी चर्चा जैक लण्डन के विशेषकर दो उपन्यासों—**मार्टिन ईडन** और **आयरन हील** के उल्लेख के बिना अधूरी मानी जायेगी। उसकी कुछ कहानियाँ भी ऐसी हैं, जिन्हें बीसवीं शताब्दी की उत्कृष्टतम कहानियों में शामिल किया जा सकता है।

जैक लण्डन की कुछ चुनी हुई कहानियों का यह संकलन हिन्दी पाठकों के समक्ष उनकी मौलिक और प्रयोगशील सर्जनात्मकता की एक बानगी पेश करेगा। इसी कड़ी में हम जल्दी ही 'मार्टिन ईडन' और 'आयरन हील' का भी अनुवाद प्रस्तुत करेंगे।

यह एक दिलचस्प ऐतिहासिक तथ्य है कि जैक लण्डन अपने समय के दो महान क्रान्तिकारियों का पसन्दीदा लेखक था। **लेनिन** की मृत्यु से दो दिन पहले उनकी पत्नी **क्रुप्सकाया** ने उन्हें जैक लण्डन की कहानी **लव ऑफ लाइफ** पढ़कर सुनाई थी और उन्हें वह बहुत अधिक पसन्द आई थी। **भगतसिंह** फाँसी की कोठरी में राजनीतिक अध्ययन के साथ-साथ जिन साहित्यकारों की कृतियाँ बहुत चाव के साथ पढ़ रहे थे, उनमें **चार्ल्स डिकेंस, अप्टन सिंक्लेयर** और **मक्सिम गोर्की** के साथ जैक लण्डन भी प्रमुख थे। जैक लण्डन के उपन्यास 'आयरन हील' से वे बहुत अधिक प्रभावित हुए थे। अपनी **जेल नोटबुक** में (जो भगतसिंह की शहादत के छह दशक से भी अधिक समय बाद अंग्रेजी और हिन्दी में प्रकाशित हो सकी है) उन्होंने इस उपन्यास के कई उद्धरण दर्ज किये हैं। **लियोन त्रात्स्की** और **हावर्ड फास्ट** सहित कई मार्क्सवादी लेखकों-आलोचकों ने क्रान्तिकारी यथार्थवाद के अग्रतम पुरोधाओं में जैक लण्डन की गणना की है। **जंगल** उपन्यास के लेखक **अप्टन सिंक्लेयर** अपने इस समकालीन लेखक के व्यक्तित्व, विचारों और कृतित्व से बहुत अधिक प्रभावित थे। अप्टन सिंक्लयेर के सक्रिय समाजवादी बनने में जैक लण्डन के प्रभाव की भी एक अहम भूमिका थी। जैक लण्डन 1896-97 में ही अमेरिकी सोशलिस्ट पार्टी के वाम पक्ष से जुड़ चुके थे।

1910 तक लेखन के साथ-साथ वे एक पार्टी कार्यकर्ता के रूप में भी लगातार सक्रिय रहे। बीसवीं सदी के शुरुआती वर्षों में वे, अपने भाषणों और लेखों के चलते, अमेरिका में समाजवाद के सर्वाधिक प्रभावशाली और उग्र प्रचारकों में गिने जाने लगे थे। 'जंगल' उपन्यास के अन्तिम हिस्से (अध्याय—अट्ठाइस, उन्तीस, तीस) में अप्टन सिंक्लेयर ने समाजवादियों की प्रचार-सभाओं की विस्तृत चर्चा की है। इन प्रभावशाली वक्ताओं में से एक कैलिफोर्निया से आया एक युवा लेखक है जो *'एक मछुआरा, गोदी मजदूर और जहाजी रह चुका था, आवारा की तरह सारे देश में घूमा था, इसके लिए जेल जा चुका था, वर्षों तक झुग्गियों में रहा था और सोने की तलाश में क्लोंडाइक भी हो आया था। इन सारी चीजों के बारे में वह अपनी किताबों में लिखता था और उसकी कलम में इतनी ताकत थी कि लोग उसकी बातों पर ध्यान देने के लिए मजबूर होते थे। अब वह मशहूर हो गया था लेकिन जहाँ भी वह जाता था वह अब भी गरीबों की मुक्ति का पैगाम फैलाता था।'* अमेरिका के उस दौर के इतिहास और जैक लण्डन के जीवन से परिचित किसी भी व्यक्ति को यह समझते देर नहीं लगती कि अप्टन सिंक्लेयर द्वारा उकेरी गई यह तस्वीर जैक लण्डन के सिवा और किसी की हो ही नहीं सकती। अप्टन सिंक्लेयर ने स्वयं इस बात का उल्लेख किया है कि उसके समाजवादी बनने में जिन चार पुस्तकों ने मुख्य प्रेरक भूमिका निभाई, वे थीं—**रॉबर्ट ब्लैचफोर्ड** की **'मैरी इंग्लैण्ड'**, **पीटर क्रोपाटकिन** की **'अपील टु दि यंग'**, **फ्रैंक नोरिस** की **'ऑक्टोपस'** और **जैक लण्डन** की **'दि पीपल ऑफ दि एबिस**।' उल्लेखनीय है कि सितम्बर, 1905 में *'इण्टरकॉलेजिएट सोशलिस्ट सोसाइटी'* के गठन में जैक लण्डन और अप्टन सिंक्लेयर ने साथ-साथ हिस्सा लिया था। अप्टन सिंक्लेयर जैक लण्डन को *'एक महान क्रान्तिकारी'* मानता था जिसके भीतर *'अन्याय के विरुद्ध ऐसी घृणा थी जिसने ज्वालामुखी की आग भड़काने का काम किया।'*

अमेरिका में साहित्य के अधिकांश गम्भीर पाठक आज भी जैक लण्डन की गणना सर्वश्रेष्ठ अमेरिकी लेखकों में करते हैं और कुछ तो उन्हें इस कतार में पहले स्थान पर रखते हैं। **मार्क ट्वेन** के बाद जैक लण्डन ही ऐसा अमेरिकी लेखक था, जो अपने बीहड़, साहसिक, रोमानी जीवन, क्रान्तिकारी विचारों और नई लकीर खींचनेवाली यथार्थवादी रचनाओं के चलते अपने जीवनकाल में ही जनसामान्य के बीच उतना अधिक लोकप्रिय हो पाया। फर्क यह था कि अपनी रचनात्मक सक्रियता के शुरुआती चन्द वर्षों के दौरान ही जैक लण्डन की प्रसिद्धि देशव्यापी हो चुकी थी। 1908 में **आयरन हील** और 1909 में **मार्टिन ईडन** के प्रकाशन के बाद उसकी ख्याति पूरे यूरोप और रूस तक पहुँच चुकी थी। उसकी हर कृति प्रकाशित होने के चन्द वर्षों के भीतर अधिकांश यूरोपीय भाषाओं में अनूदित हो जाती थी। रूस में अक्टूबर क्रान्ति के पहले ही जैक लण्डन लोकप्रिय हो चुका था। क्रान्ति के बाद

1919 में **मयाकोव्स्की** ने उसके उपन्यास 'मार्टिन ईडन' पर आधारित **नॉट बॉर्न फॉर मनी** नाम से बननेवाली फिल्म की न सिर्फ पटकथा लिखी, बल्कि उसमें अभिनय भी किया। 1928-29 में 24 खण्डों में जैक लण्डन की सम्पूर्ण रचनाएँ सोवियत संघ में प्रकाशित हुईं। जैक लण्डन की लगभग ऐसी ही लोकप्रियता सभी पूर्वी यूरोपीय देशों में थी जहाँ उसकी रचनाओं के अतिरिक्त उनपर बनी फिल्मों को भी लोगों ने काफी पसन्द किया। पोलैण्ड में 1909 से लेकर 1990 तक जैक लण्डन की लोकप्रियता का आलम यह था कि हर वर्ष 'बेस्टसेलर' किताबों की सूची में उसकी कुछ किताबें शामिल होती थीं और स्कूली छात्रों तक की सबसे अधिक संख्या जिस विदेशी लेखक से परिचित होती थी, वह जैक लण्डन ही था। इस स्थिति में 1990 के बाद परिवर्तन आया जब अन्तरराष्ट्रीय वित्तीय पूँजी के निर्बाध वर्चस्व ने पोलैण्ड सहित समूचे पूर्वी यूरोप को विश्व मण्डी का एक अविभाज्य अंग बना दिया। लेकिन इन बदली स्थितियों में इन देशों में सिर्फ जैक लण्डन की ही लोकप्रियता नहीं घटी है। सभी महान लेखकों के साथ यह हुआ है कि उनके कृतित्व को कचरा साहित्य ने ढाँप लिया है।

पश्चिम में सर्वहारा साहित्य के एक प्रवर्तक के रूप में जैक लण्डन ने अपने जीवनकाल में ही विश्वव्यापी ख्याति अर्जित कर ली थी। उन्नीसवीं शताब्दी के अन्त और बीसवीं शताब्दी के प्रारम्भ में अमेरिकी पूँजीवाद के साम्राज्यवाद की अवस्था में संक्रमण की अभिलाक्षणिकताएँ स्पष्ट हो चुकी थीं। इसके साथ ही साहित्य में सामाजिक-राजनीतिक आलोचना की सघनता-तीक्ष्णता बहुत अधिक बढ़ गई थी। **मार्क ट्वेन** ने अपनी साहित्यिक रचनात्मकता का पटाक्षेप साम्राज्यवाद-विरोधी पैम्फलेटों के लेखन के साथ किया। *'मकरेकर्स'* नाम से प्रसिद्ध लेखकों का ग्रुप सामाजिक अन्तर्विरोधों को उजागर करने में **ज़ोला** की शैली के साथ **डिकेन्स** की वस्तुपरकता और **मार्क ट्वेन** की तीक्ष्ण तिक्तता का संश्लेषण कर रहा था। विरासत के इसी सूत्र को थामकर जैक लण्डन, अप्टन सिंक्लेयर और **थियोडोर ड्रेज़र** ने घोषित तौर पर सर्वहारा की पक्षधरता के साथ लेखन की शुरुआत की। जैक लण्डन और अप्टन सिंक्लेयर ने सचेतन तौर पर समाजवाद की विचारधारा को स्वीकार किया और राजनीति के क्षेत्र में भी सक्रिय हुए। उन्होंने पूँजीवादी समाज के सभी बुनियादी अन्तर्विरोधों, बुर्जुआ जनवाद की वास्तविकता और बुर्जुआ वर्ग की समस्त आत्मिक रिक्तता को अपनी रचनाओं में उजागर करने के साथ ही मजदूर वर्ग की चेतना और संघर्षों के नये उभार को भी देखा तथा बुर्जुआ वर्ग और सर्वहारा वर्ग के बीच के राजनीतिक संघर्ष की अपरिहार्यता पर बल देते हुए इसी में मानवता का भविष्य खोजने की कोशिश की। इतिहास का सिंहावलोकन करते हुए आज यह बेहिचक कहा जा सकता है कि मक्सिम गोर्की और जैक लण्डन वे पहले लेखक थे जिनकी रचनाओं

में उन्नीसवीं शताब्दी के क्रान्तिकारी बुर्जुआ यथार्थवाद से समाजवादी यथार्थवाद में संक्रमण को लक्षित किया जा सकता है।

हावर्ड फास्ट ने अपनी चर्चित आलोचनात्मक कृति **साहित्य और यथार्थ** में लिखा है : *"जिस समय जैक लण्डन 'आयरन हील' लिख रहे थे, लगभग उसी समय गोर्की ने 'माँ' लिखा। दोनों ही लेखकों ने स्वयं को सचेत रूप से अपने देश के अगुआ दस्ते सर्वहारा वर्ग से जोड़ा—गोर्की ने रूस की सामाजिक जनवादी पार्टी से (जो बाद में कम्युनिस्ट पार्टी बनी) तथा जैक लण्डन ने अमेरिका की समाजवादी पार्टी के वाम पक्ष से (जो बाद में कम्युनिस्ट पार्टी बनी)। दोनों ही लेखक 1905 की क्रान्ति में रूसी सर्वहारा वर्ग की अस्थायी हार से गम्भीर रूप से प्रभावित हुए। 'आयरन हील' में जैक लण्डन ने उस उभरते फासिज्म का अविश्वसनीय चित्र खींचा जो अन्तरराष्ट्रीय सर्वहारा वर्ग को कुचलकर मानव-सभ्यता के विकास को सैकड़ों वर्ष पीछे धकेल देगा। लेकिन गोर्की क्योंकि संघर्ष के बीच में थे, इसलिए वे भविष्य को अधिक आशान्वित रूप में देखते हैं।"* हावर्ड फास्ट ने जैक लण्डन की महत्ता के साथ ही यहाँ उसके उन अन्तर्विरोधों की ओर भी इंगित किया है जो जीवन के आखिरी छह वर्षों के दौरान उसे निराशा के गर्त में धकेलने के साथ ही समाजवादी विचार से भी दूर ले गये। जैक लण्डन के इन अन्तर्विरोधों के स्रोत उसके जीवन में, उसके विचारों में और तत्कालीन अमेरिकी समाज में मौजूद थे जिनकी पड़ताल हम आगे करेंगे। बहरहाल, इन अन्तर्विरोधों और विचलन के बावजूद यह तथ्य अपनी जगह पर कायम है कि जैक लण्डन अमेरिकी साहित्य में यथार्थवादी परम्परा का एक मील का पत्थर और पश्चिम में सर्वहारा साहित्य के प्रवर्तकों में से एक था।

वेगवान उद्दीप्त उल्का-सा वह जीवन!

'धूल की जगह राख होना चाहूँगा मैं!
मैं चाहूँगा कि एक दैदीप्यमान ज्वाला बन जाये भड़ककर मेरी चिनगारी
बजाय इसके कि सड़े काठ में उसका दम घुट जाये।
एक ऊँघते हुए स्थायी ग्रह के बजाय
मैं होना चाहूँगा एक शानदार उल्का
मेरा प्रत्येक अणु उद्दीप्त हो भव्यता के साथ।
मनुष्य का सही काम है जीना, न कि सिर्फ जीवित रहना।
अपने दिन मैं बर्बाद नहीं करूँगा उन्हें लम्बा बनाने की कोशिश में।
मैं अपने समय का इस्तेमाल करूँगा।'

जैक लण्डन की ये ओजपूर्ण पंक्तियाँ मानो उसके जीवन और जीवन-दृष्टि का घोषणा-पत्र हैं। किस्म-किस्म की आवारगी करते हुए, कारखानों से लेकर बीहड़ प्रदेशों की यात्राएँ करते हुए और जोखिम-भरे समुद्री अभियानों में हिस्सा लेते हुए जैक लण्डन ने मेहनतकशों के आन्दोलनों में शिरकत की, जेल के अनुभव भी हासिल किये, दर्शन का अध्ययन किया और फिर जल्दी ही वह मुकाम हासिल किया जहाँ उसे अपने समय के सबसे लोकप्रिय और सबसे अधिक पारिश्रमिक पानेवाले लेखक की ख्याति मिली। उसकी मृत्यु के नाद 2 दिसम्बर, 1916 के **सैन फ्रांसिस्को बुलेटिन** में **अर्नेस्ट जे. हॉपकिन्स** ने लिखा था : *'मार्क ट्वेन को छोड़कर किसी भी दूसरे लेखक ने जैक लण्डन से अधिक रोमाण्टिक जीवन नहीं बिताया। इस सर्वाधिक लोकप्रिय अमेरिकी कथाकार की असमय मृत्यु से दुनिया को गम्भीर सदमा लगा है जो अभी उसे बरसों तक जीते और रचनारत रहते देखना चाहती थी।'*

जैक लण्डन का जन्म 12 जनवरी, 1876 को सैन फ्रांसिस्को शहर (कैलिफोर्निया राज्य) के निकट ग्लेन एलेन नामक स्थान में हुआ था। वह एक पत्रकार और यायावर ज्योतिषी विलियम चेनी की अवैध सन्तान था, जिसने अपने पितृत्व से इनकार करते हुए उसकी माँ फ्लोरा का परित्याग कर दिया था। जैक लण्डन के बचपन का नाम जॉन ग्रिफिथ चेनी था। एक विधुर किसान और क्रान्तिकारी गृहयुद्ध के रिटायर्ड सैनिक जॉन लण्डन से फ्लोरा की शादी के बाद उसे अपने सौतेले पिता का कुलनाम मिला। आगे चलकर 1887 में उसने अपना नाम जॉन से बदलकर जैक कर लिया।

जैक लण्डन के सौतेले पिता की माली हालत ठीक नहीं थी। उसकी खेती-बाड़ी तबाह हो चुकी थी। इसके चलते पूरे परिवार को (जिसमें जैक और उसकी माँ के अतिरिक्त पहली शादी से पैदा हुई जॉन लण्डन की दो बेटियाँ एलिजा और इडा भी शामिल थीं) कई बार यहाँ से वहाँ विस्थापित होना पड़ा। पहले वे सैन फ्रांसिस्को से ओकलैण्ड गये और फिर अलामेडा के एक फार्म पर, जहाँ वेस्ट एण्ड प्राथमिक स्कूल में जैक लण्डन की पढ़ाई-लिखाई शुरू हुई। 1883 में लण्डन-परिवार एक बार फिर विस्थापित होकर सैन मारियो काउण्टी के एक फार्म पर काम करने लगा। 1885 में वह लिवरमोर घाटी में रहने चला गया जहाँ पहली बार किताबों की दुनिया से जैक लण्डन का परिचय हुआ। अगले ही वर्ष परिवार को वापस ओकलैण्ड शहर आना पड़ा। गरीबी की मार ने दस वर्ष के जैक लण्डन को अखबार बेचने से लेकर किस्म-किस्म की मेहनत-मजूरी करने के लिए विवश किया। गोर्की की ही तरह जीवन की पाठशाला में उसका दाखिला हो चुका था। अखबार बेचने, वैगनों में बर्फ लादने, स्किटल खेलने के गलियारे मे पिन लगाने और सैलूनों में झाड़ू-बुहारी का काम करते हुए जैक लण्डन ने सामाजिक तलछट के जीवन को करीब से देखा। इसके साथ ही, कोल ग्रामर स्कूल में उसकी पढ़ाई भी चलती रही। मुक्केबाजी, तलवारबाजी और

वर्जिश में भी उसकी दिलचस्पी उतनी ही थी जितनी सार्वजनिक पुस्तकालयों में बैठकर किताबें चाटने में। सागर के प्रति बचपन से ही जैक लण्डन के मन में दुर्निवार आकर्षण था। बारह वर्ष का होते-होते वह सैन फ्रांसिस्को की खाड़ी में नाव चलाने में माहिर हो गया था। 1891 में आठवीं पास करने के बाद जैक की औपचारिक शिक्षा समाप्त हो गई और वह 'हिकमॉट्स कैनरी' में काम करने लगा। इसी वर्ष अपने बचपन की धाय माँ जेनी प्रिण्टेस से तीन सौ डॉलर उधार लेकर उसने एक हल्की नाव खरीदी जिसका नाम रखा 'रैज़ल-डैज़ल।' इस नाव पर सवार पन्द्रह वर्षीय जैक सैन फ्रांसिस्को की खाड़ी में 'ऑयस्टर बेड्स' पर छापा मारकर सीपें लूटने लगा। जल्दी ही 'सीप लुटेरों का राजकुमार' नाम से वह पूरे इलाके में मशहूर हो गया। लोगों के बीच वह 'जहाजी बालक' नाम से भी प्रसिद्ध था। सीप लूटने का काम छोड़कर जैक 1892 में 'कैलिफोर्निया फिश पेट्रोल' में सहायक पेट्रोलमैन की हैसियत से काम करने लगा, लेकिन यह उसे रास नहीं आया। वह सिएरा नेवादा पहाड़ियों से होकर रेनो, नेवादा तक की लम्बी रेल-यात्रा पर निकल गया। यह घुमक्कड़ी का उसका पहला अनुभव था। इन वर्षों में जैक लण्डन का अध्ययन लगातार जारी रहा। इसमें ओकलैण्ड फ्री लायब्रेरी की लायब्रेरियन इना कूलब्रिथ के मार्गदर्शन की विशेष भूमिका थी जो आगे चलकर कैलिफोर्निया राज्य की पहली *'पोएट लॉरियट'* चुनी गई।

जनवरी, 1893 में जैक लण्डन को तीन मस्तूलोंवाले 156 टन के स्कूनर 'सोफिया सदरलैण्ड' पर नाविक की नौकरी मिल गई और वह सात महीनों के लिए लम्बी समुद्र-यात्रा पर निकल गया। हवाई, बोनिन द्वीप, जापान और बेरिंग सागर से होकर लौटने के बाद उसने एक जूट मिल में नौकरी कर ली जहाँ दस सेण्ट प्रति घंटा की मजदूरी पर रोजाना दस घंटे काम करना पड़ता था। इसी वर्ष, नवम्बर में **सैन फ्रांसिस्को मॉर्निंग काल** में जैक लण्डन की पहली रचना **जापान तट पर एक तूफान की कहानी** प्रकाशित हुई, जिसे उस पत्र की ओर से सर्वश्रेष्ठ वर्णनात्मक निबन्ध का पुरस्कार मिला। 1894 में जैक लण्डन ने एक रेलवे बिजलीघर में कोयला हटाने का काम शुरू किया लेकिन जब उसे पता चला कि उससे दो लोगों का काम लिया जा रहा है तो उसने नौकरी छोड़ दी। ये अमेरिका में पहली गम्भीर आर्थिक मन्दी के दिन थे। जैक लण्डन बेरोजगारों की 'औद्योगिक सेना' के सुप्रसिद्ध वाशिंगटन-मार्च में शामिल हो गया, लेकिन हनिबाल, मिसौरी में वह अभियान से अलग होकर फिर घुमक्कड़ी करते हुए शिकागो और मिशिगन की ओर निकल गया। यायावरी के इस दौर में **तोल्स्तोय, फ्लॉबेयर** और **हरमन मेलविल** की रचनाओं के अध्ययन ने उसके लिए एक नई दुनिया के दरवाजे खोल दिये। इसी दौरान उसे **मार्क्स-एंगेल्स** की कृति **कम्युनिस्ट घोषणापत्र** पढ़ने का अवसर मिला। अब उसके जीवन को मानो एक नई दिशा और नई सार्थकता मिल गई। जून, 1894 में न्यूयार्क में उसे आवारागर्दी के

आरोप में गिरफ्तार कर लिया गया। जेल में बिताये गये तीस दिनों के अनुभव ने उसकी जीवन-शिक्षा में एक नया अध्याय जोड़ने का काम किया। ओकलैण्ड लौटने के बाद वह *'अमेरिकी सोशलिस्ट वर्कर्स पार्टी'* का सदस्य बन गया। इस दौरान उसने अपनी पढ़ाई भी फिर से शुरू कर दी और अठारह महीने में हाई स्कूल की परीक्षा पास कर ली। अपनी राजनीतिक गतिविधियों और लेखों के चलते वह जल्दी ही पूरे ओकलैण्ड में प्रसिद्ध हो गया। लोग उसे *'ब्वॉय सोशलिस्ट'* कहते थे और अखबारों में भी उसकी चर्चा होती थी। 1896 में उसने विश्वविद्यालय प्रवेश परीक्षा पास करने के बाद बर्कले स्थित कैलिफोर्निया विश्वविद्यालय में प्रवेश लिया, लेकिन यह पढ़ाई उसे एकदम निरर्थक लगी और एक सेमेस्टर के बाद ही उसने उसे छोड़ दिया।

1897 तक सैन फ्रांसिस्को खाड़ी क्षेत्र के अखबारों में जैक लण्डन के पत्र नियमित छपने लगे थे। एक कुशल समाजवादी प्रचारक के रूप में भी उसे ख्याति मिलने लगी थी! एक बार बिना मेयर की इजाजत के सार्वजनिक सभा में भाषण देने के आरोप में उसे गिरफ्तार भी किया गया। ओकलैण्ड शिक्षा बोर्ड के सदस्य के लिए उसने समाजवादी उम्मीदवार के रूप में चुनाव लड़ा लेकिन उसे हार का सामना करना पड़ा। आजीविका के लिए कुछ दिनों तक बेलमोण्ट अकादमी लाण्ड्री में काम करने के बाद लगातार गरीबी से आजिज आकर वह भी बहुतेरे लोगों की तरह सोने की खोज में अलास्का, युकोन और क्लोण्डाइक की सुदूर बीहड़ यात्रा पर निकल पड़ा। सोना तो कम ही मिला, लेकिन जीवन और प्रकृति के अत्यन्त समृद्ध अनुभवों से लैस जैक लण्डन बर्फीली युकोन नदी में एक छोटी नाव से डेढ़ हजार किलोमीटर की यात्रा करके जुलाई, 1898 में गम्भीर बीमारी की हालत में ओकलैण्ड वापस लौटा। जब वह क्लोण्डाइक में था, उसी समय उसकी एक कहानी **टू गोल्ड ब्रिक्स** प्रकाशित होकर चर्चा का विषय बन चुकी थी। अपनी अलास्का-यात्रा के दौरान जैक लण्डन ने **मिल्टन** की **'पैराडाइज़ लॉस्ट'**, **हर्बर्ट स्पेंसर** की **'दि फ़िलॉसफ़ी ऑफ़ साइन्स'** और **चार्ल्स डार्विन** की **'दि ओरिजिन ऑफ़ स्पीसीज़'** के साथ ही **कार्ल मार्क्स** की कृति **कैपिटल** का भी गम्भीर अध्ययन किया। इन दार्शनिकों के अन्तर्विरोधी वैचारिक प्रभाव जैक लण्डन की चेतना में जीवनपर्यन्त मौजूद रहे और उसकी रचनाओं में भी आते रहे। उसकी शुरुआती रचनाओं में भी हमें **नीत्शे** के विचारों और सामाजिक डार्विनवाद की प्रभाव-छायाएँ दीखती हैं, लेकिन 1910 तक मुख्यतः उनमें वर्ग-संघर्ष के वैज्ञानिक समाजवादी विचारों का ही प्रभाव मुख्य दीखता है। बाद के दौर में अमेरिकी समाजवादी आन्दोलन के पराभव का प्रभाव और जीवन की निराशा एक बार फिर लण्डन की रचनाओं में *'सर्वाइवल ऑफ़ दि फ़िटेस्ट'* और सामाजिक डार्विनवाद के विचारों की प्रधानता के रूप में सामने आती है, हालाँकि इस दौर में भी उसने कुछ उत्कट रचनाएँ लिखीं।

1898 में जैक लण्डन ने लेखन-कर्म को एक पूर्णकालिक पेशे के तौर पर अपनाने का फैसला किया और अपने रचना-कौशल को माँजने में जी-जान से जुट गया। कठिन जीवन के समृद्ध अनुभव समाजवादी विचारों से संश्लेषित होकर उत्कृष्ट रचनाओं में ढलने लगे। पत्रिकाओं में प्रकाशित कहानियों ने जल्दी ही इस नये लेखक की ख्याति को देशव्यापी बना दिया। 1900 में जैक लण्डन ने अपनी भूतपूर्व गणित शिक्षिका और मित्र बेस्सी मैडर्न से विवाह किया ओर इसी वर्ष क्लोण्डाइक के अनुभवों पर आधारित उसका पहला कहानी-संग्रह **दि सन ऑफ़ दि वुल्फ़** प्रकाशित हुआ जिसकी चर्चा अमेरिका से बाहर भी हुई। जैक लण्डन अब इस कदर तूफानी रफ्तार से लिखने में जुट गया मानो उसे अपने अल्पायु होने का पूर्वाभास हो। दोपहर के भोजन से पहले एक हजार शब्द लिख डालने के कठोर अनुशासन ने तेज रफ्तार से अनूठी-उत्कृष्ट रचनाओं को जन्म दिया और जैक लण्डन के पीछे सम्पादकों-प्रकाशकों की भीड़ लग गई। चन्द एक वर्षों में ही वह अमेरिका का सबसे लोकप्रिय और सबसे महँगा लेखक बन गया। 1901 में जैक लण्डन को मक्सिम गोर्की का उपन्यास **फोमा गोर्दयेव** पढ़ने को मिला जिससे वह अत्यधिक प्रभावित हुआ। उसका यथार्थवाद अब और निखरकर सामने आया। उद्दाम जिजीविषा और उत्पीड़ितों की मुखर पक्षधरता अब उसकी रचनाओं का प्रमुख स्वर बन गया।

जैक लण्डन के अलास्का और क्लोण्डाइक के अनुभव ही उसके अगले दो कहानी-संकलनों—**दि गॉड ऑफ़ हिज़ फ़ादर्स** (1901) और **चिल्ड्रेन ऑफ़ दि फ़्रॉस्ट** (1902)—तथा पहले उपन्यास **ए डॉटर ऑफ़ दि स्नोज़** (1902) की विषयवस्तु बने। आगे चलकर यही अनुभव हमें एक बार फिर हमें दो विश्व-प्रसिद्ध उपन्यासों **दि काल ऑफ़ दि वाइल्ड** (1903) और **व्हाइट फ़ैंग** (1906) की कथा-भूमि के रूप में नजर आते हैं।

बेस्सी ने 1901 और 1902 में दो बेटियों को जन्म दिया। लेकिन खालिस विक्टोरियन किस्म की यह परम्परागत शादी जैक लण्डन के फक्कड़ घुमन्तू मिजाज को रास नहीं आई। वह चार्मियन किट्रेज़ से प्यार करने लगा और 1905 में बेस्सी से तलाक के बाद दोनों ने शादी कर ली। चार्मियन जैक की आदर्श जीवन-साथी सिद्ध हुई। हर बीहड़ यात्रा और हर सफल-विफल प्रयोग में आखिरी साँस तक वह जैक लण्डन के साथ रही। 1902 में तीन सप्ताह की अपनी यूरोप-यात्रा के दौरान जैक लण्डन ने इंग्लैण्ड में लन्दन के ईस्ट एण्ड इलाके की झुग्गी बस्तियों में रहनेवाले मजदूरों के नारकीय जीवन का सूक्ष्म अध्ययन किया। इन अनुभवों पर आधारित उसकी किताब **दि पीपल ऑफ़ दि एबिस** (1903) की चर्चा अमेरिका से बाहर पूरे यूरोप में भी हुई। इस पुस्तक पर मक्सिम गोर्की के प्रभाव को स्पष्टतः लक्षित किया जा सकता है। उल्लेखनीय है कि जैक लण्डन को अपनी यह कृति सर्वाधिक प्रिय थी जिसे लिखने

में उसने *'अपने युवा हृदय और आँसुओं'* की अधिकांश पूँजी खर्च कर डाली थी।

1904 में उसकी दो और कृतियाँ **दि सी वुल्फ** और **दि फेथ ऑफ़ मेन** प्रकाशित हुईं। अमेरिका का सबसे लोकप्रिय लेखक होने के साथ ही अब जैक की ख्याति विश्वव्यापी हो चुकी थी। लेकिन यायावरी की अमिट तृषा अभी शान्त नहीं हुई थी। सागर फिर पुकार रहा था। 1904 में हर्स्ट सिण्डिकेट की ओर से रूस-जापान युद्ध की रिपोर्टिंग के प्रस्ताव ने एक सुनहरा अवसर दिया और जैक लण्डन एक बार फिर योकोहामा और कोरिया की सुदूर सागर-यात्रा पर निकल पड़ा। रिपोर्टिंग के अतिरिक्त जैक को खर्च निकालने के लिए पत्र-पत्रिकाओं में थोक-भाव से चलताऊ किस्म का लेखन भी करना पड़ता था और जनरुचि के हिसाब से लिखने की इस कला में भी वह खूब माहिर था। अमेरिका वापस लौटने के बाद जैक लण्डन एक बार फिर 1905 में साक्रामेण्टो नदी में लम्बी यात्रा पर निकल गया। वापस लौटकर ग्लेन एलेन के वेक रॉबिन लॉज में गर्मियाँ बिताते हुए जैक लण्डन ने प्रकृति के निकट रहने के उद्‌देश्य से वहाँ एक रैंच (पशु-फार्म) बनाने के लिए जमीन खरीदनी शुरू की। रैंच का निर्माण अभी शुरू ही हुआ था कि वह समाजवादी उम्मीदवार के रूप में ओकलैण्ड के मेयर का चुनाव लड़ने में व्यस्त हो गया। चुनाव में पराजय ने उसे मायूस नहीं किया, क्योंकि उसका मूल उद्‌देश्य समाजवाद का प्रचार करना था। इस अनुभव से उत्साहित होकर वह समाजवाद के प्रचार के लिए अक्टूबर, 1905 में पूर्वी और मध्य पश्चिमी अमेरिका के तूफानी 'लेक्चर टूर' पर निकल पड़ा। चार्मियन से शादी के बाद कुछ दिनों के लिए अपना 'लेक्चर टूर' रोककर जैक पत्नी के साथ हनीमून के लिए जमैका और क्यूबा के लिए रवाना हो गया। समाजवाद पर उसके भाषणों का एक संकलन इसी वर्ष **वार ऑफ़ दि क्लासेज़** नाम से प्रकाशित हुआ। इसके अतिरिक्त उसकी दो और पुस्तकें **दि गेम** और **टेल्स ऑफ़ दि फ़िश पेट्रोल** इस वर्ष प्रकाशित हुईं।

1905-07 की रूसी क्रान्ति का जैक लण्डन ने भरपूर जोशो-खरोश के साथ स्वागत किया। हनीमून से वापस लौटकर 1906 में एक बार फिर वह 'लेक्चर टूर' पर निकल पड़ा। येल विश्वविद्यालय, कारनेगी हाल और मिडवेस्ट के उसके भाषणों से पूरे देश में तहलका-सा मच गया। छात्रों और मजदूरों के बीच जैक लण्डन सर्वाधिक लोकप्रिय समाजवादी वक्ता के रूप में जाना जाने लगा। अब वह न सिर्फ पूँजीपतियों और अमेरिकी सरकार की नजरों में चुभने लगा, बल्कि अमेरिकी सोशलिस्ट पार्टी पर हावी जो दक्षिणपंथी समाजवादी नेतागण वर्ग-संघर्ष के बजाय संसदीय राजनीति की लिजलिजी 'शालीनता' के आदी हो चुके थे, उन्हें भी जैक लण्डन फूटी आँखों नहीं सुहाता था। अस्वस्थता के कारण फरवरी में अपना दौरा रोककर जैक ग्लेन एलेन चला गया। रैंच की पहली इमारत अभी बनकर तैयार ही हुई थी कि वह 'स्नार्क' नामक विशाल जलपोत के निर्माण में जुट गया। उसकी महत्त्वाकांक्षी योजना इस जहाज से

सात वर्षों में पूरी दुनिया का चक्कर लगाने की थी। इन सारी व्यस्तताओं के बीच लेखन और अखबारों के लिए रिपोर्टिंग का काम भी बदस्तूर जारी रहा। **व्हाइट फ़ैंग** के अतिरिक्त 1906 में जैक लण्डन के दो और कहानी-संकलन प्रकाशित हुए।

1907 में जैक लण्डन सपत्नीक पूरी दुनिया का चक्कर काटनेवाली महत्त्वाकांक्षी समुद्री-यात्रा पर रवाना हुआ। 'स्नार्क' ओकलैण्ड से हवाई द्वीप-समूह और ताहिती की ओर रवाना हो गया। यात्रा के दौरान भी जैक लण्डन लेखन में लगा रहता था। उसकी तीन पुस्तकें **दि रोड**, **बिफ़ोर एडम** और **लव ऑफ़ लाइफ़ ऐण्ड अदर स्टोरीज़** इस वर्ष प्रकाशित हुईं। 1908 की जनवरी में अपनी वित्तीय स्थिति ठीक करने के लिए समुद्री अभियान को बीच में रोककर कुछ समय के लिए वह घर वापस लौटा। अप्रैल में आगे की सागर-यात्रा फिर शुरू हो गई। नवम्बर में 'स्नार्क' जब आस्ट्रेलिया पहुँचा तो जैक लण्डन का स्वास्थ्य जवाब दे चुका था। कई बीमारियों का हमला एक साथ हुआ था। सिडनी में कुछ दिनों तक उसे एक अस्पताल में भी भरती रहना पड़ा। बाध्य होकर 8 दिसम्बर को जैक लण्डन को 'स्नार्क' अभियान रद्द करने की घोषणा करनी पड़ी। 1908 में ही जैक लण्डन की सर्वाधिक महत्त्वपूर्ण कृतियों में से एक, **दि आयरन हील** उपन्यास प्रकाशित हुआ जो कथ्य के अतिरिक्त फॉर्म की दृष्टि से भी एक अनूठा प्रयोग था। चन्द वर्षों के भीतर ही इसके कई संस्करण न सिर्फ अमेरिका में प्रकाशित हुए, बल्कि इसके अनुवाद लगभग सभी यूरोपीय भाषाओं में छपकर खूब चर्चित हुए।

सिडनी में स्वास्थ्य-लाभ के बाद इक्वाडोर, पनामा, न्यू ओर्लियंस और ग्रैण्ड कैन्यन होते हुए जुलाई, 1909 में जैक घर लौटा। लेकिन नदी-समुद्र की यात्राओं से उसका मन कभी नहीं भरा। लगभग हर वर्ष वह किसी-न-किसी छोटी या लम्बी यात्रा पर जरूर निकल पड़ता था। 1909 में सैन जोआक्विन नदी और साक्रोमेण्टो नदी के मुहाने तक की यात्रा, 1911 में सैन फ्रांसिस्को खाड़ी में समुद्री यात्रा, 1912 में बाल्टीमोर से केप हॉर्न के आसपास चक्कर लगाते हुए सिएटल तक की समुद्री यात्रा, एक बार फिर 1912 और 1913 में दो-दो बार सैन जोआक्विन नदी और साक्रोमेण्टो नदी के मुहाने तक की यात्रा, 1915 में तुर्की तक और फिर 1916 में हवाई तक की यात्रा--इस सिलसिले को देखकर ऐसा लगता है मानो चालीस वर्ष की छोटी-सी उम्र का एक बड़ा हिस्सा जैक लण्डन ने नदियों और समुद्र में ही बिताया। इस तथ्य पर एकबारगी विश्वास नहीं होता कि ऐसा जीवन बिताते हुए जैक लण्डन किस प्रकार इतनी विपुल मात्रा में लेखन कर सका! और वह भी तब, जबकि एक जहाजी का ही नहीं, बल्कि उसने मजदूर का भी जीवन बिताया, सोने की खोज में अलास्का तक की यात्रा भी की, एक रैंचर का जीवन भी बिताया और 1910 तक राजनीतिक ऐक्टिविस्ट के रूप में भी सक्रिय रहा।

आयरन हील के प्रकाशन के दूसरे ही वर्ष 1905 में जैक लण्डन का दूसरा प्रमुख

उपन्यास **मार्टिन ईडन** प्रकाशित हुआ। यह उपन्यास अंशतः आत्मकथात्मक था और इस पर भी मक्सिम गोर्की की प्रभाव-छायाएँ दीखती हैं। जून 1910 में चार्मियन ने एक बेटी को जन्म दिया जिसकी छत्तीस घंटे बाद ही मौत हो गई। अपने दुखों को भूलने का जैक लण्डन का अपना तरीका था और वह था यात्रा, लेखन या निर्माण-कार्य की नई योजनाओं में जुट जाना। नई-नई जमीनें खरीदकर लगातार वह अपने 'ब्यूटी रैंच' को विस्तार दे रहा था। वहाँ बैल, घोड़े, सूअर पालने, नई-नई फसलें उगाने, उनकी नई-नई प्रविधियाँ विकसित करने, सोते को बाँधकर झील बनाने जैसे जिन कामों में जैक लगा रहता था, उनके बेहद दिलचस्प ब्यौरों से एक पूरी पुस्तक तैयार हो सकती है। 1913 तक यह रैंच 1400 एकड़ के विशाल भूभाग पर फैल चुका था। 1910 में जैक लण्डन ने अपने रैंच में 'वुल्फ़ हाउस' नामक भव्य-विराट 'सपनों के महल' का निर्माण शुरू कराया। अपनी यात्राओं और अन्य व्यस्तताओं से आनेवाले व्यवधानों के कारण सौतेली बहन एलिज़ा को उसने रैंच सुपरिण्टेण्डेण्ट और बिजनेस मैनेजर की जिम्मेदारी सौंप दी। समाजवाद विषयक उसके भाषणों का एक और संकलन **रिवोल्यूशन ऐण्ड अदर एसेज़** इसी वर्ष प्रकाशित हुआ। 1910 में प्रकाशित होनेवाली दूसरी महत्त्वपूर्ण कृति थी **थेफ़्ट**। यह चार अंकोंवाला एक नाटक था जो अपनी प्रखर क्रान्तिकारी अन्तर्वस्तु के साथ ही अपनी उत्कृष्ट कलात्मकता के लिए भी विशेष चर्चित हुआ।

1910-11 तक, हावर्ड फास्ट के शब्दों में : *'अमेरिकी सर्वहारा वर्ग को अभूतपूर्व ताकत और हिंसा से नियंत्रित कर लिया गया था, उसके नेता खरीद लिये गये थे और उसकी लड़ाई को 'शुद्ध और सरल' ट्रेड यूनियनवाद की दिशा दे दी गई थी।"* अमेरिकी समाजवादी पार्टी अब एक खालिस संसदीय सुधारवादी पार्टी बन चुकी थी हालाँकि उसकी सदस्यता और चुनावी जनाधार सफेदपोश मजदूरों और मध्यवर्ग में काफी बढ़ गया था। पार्टी के नेतृत्व पर मध्यमार्गी व दक्षिणपंथी हावी थे। वामपंथी धड़ा काफी कमजोर पड़ चुका था। मजबूत अमेरिकी पूँजीवाद अब दुनिया के बाजार के पुनर्विभाजन के लिए ताकत आजमाइश की तैयारी कर रहा था। उस समय दुनिया में कोई समाजवादी राज्य अस्तित्व में नहीं था और 1905-07 की रूसी क्रान्ति को कुचल दिये जाने का प्रभाव पूरे यूरोप और अमेरिका पर पड़ा था। कहा जा सकता है कि *'साम्राज्यवाद की शताब्दी'* का पहला दशक बीतते-बीतते क्रान्ति की लहर पर प्रतिक्रान्ति की लहर हावी हो चुकी थी। इन प्रतिकूल स्थितियों ने जैक लण्डन के मानस पर गहरा प्रभाव छोड़ा। सर्वहारा क्रान्ति के भविष्य के प्रति वह निराश होने लगा। लेकिन उसकी उद्विग्न विद्रोही आत्मा को संसदीय सुधारवाद की राजनीति भी कबूल नहीं थी। नतीजतन, 1910 के बाद उसने अपनी राजनीतिक गतिविधियाँ बन्द कर दीं। रैंच पर रहकर पशुपालन और खेती-बाड़ी करना, 'वुल्फ़ हाउस' के निर्माण

की देख-रेख, लम्बी यात्राएँ, विशेष एसाइनमेंट्स पर अखबारों के लिए रिपोर्टिंग और साहित्यिक लेखन—यही अब जैक लण्डन का जीवन रह गया था। यही दौर था जब एक बार फिर जैक लण्डन के मानस पर **कार्ल मार्क्स** की जगह **नीत्शे, हर्बर्ट स्पेंसर, हक्सले, हाएकल** और **टिण्डाल** के अनैतिहासिक प्रतिगामी विचार हावी हो गये। विचार-निर्माण के प्रथम चरण में इन दार्शनिकों के समवेत प्रभाव से नस्ली श्रेष्ठता के विचार, 'सर्वाइवल ऑफ़ दि फ़िटेस्ट' के सामाजिक डार्विनवादी सिद्धान्त और पूर्वजानुरूपता के सिद्धान्त (Atavism) जैक लण्डन के दिमाग पर हावी रहे थे। लेकिन शोषण-उत्पीड़न की अन्धकारमय दुनिया से परिचित होने के साथ ही बेरोजगारों-मेहनतकशों के आन्दोलनों के प्रभाव से वह समाजवाद की ओर मुड़ा। कार्ल मार्क्स की राजनीतिक कृतियों तथा मक्सिम गोर्की की साहित्यिक कृतियों ने उसके मानस पर हावी सामाजिक डार्विनवाद जैसे प्रतिगामी विचारों को लगभग एक दशक के लिए पूरी तरह से पार्श्वभूमि में धकेल दिया था, लेकिन वे वहाँ मौजूद थे और उनकी प्रभाव-छायाएँ यहाँ-वहाँ जैक लण्डन की रचनाओं में 1910 के पहले भी नजर आती हैं। 1911 के बाद ये विचार एक बार फिर जैक लण्डन के मानस पर हावी दीखने लगते हैं। समाजवाद के विचारों, उत्कट-दुर्द्धर्ष मानवतावाद और उत्पीड़ितों की पक्षधरता से वह जीवनपर्यन्त मुँह नहीं मोड़ सका, लेकिन उसकी कृतियों में मानव-मुक्ति की ऐतिहासिक परियोजना को लेकर अब उदासी और निराशा दीखने लगती है या फिर वह मूल प्रश्नों के फिलिस्टाइन और पुनरुत्थानवादी समाधान सुझाता है अथवा 'मजबूत की जीत' के तर्क को नियतिवादी ढंग से स्वीकार करता दीखता है। 1910 के बाद उसके कुल बाईस उपन्यास और कहानी संकलन प्रकाशित हुए, लेकिन इनमें से लम्बी कहानी **मेक्सिकन** (1911) जैसी चन्द एक कृतियों को छोड़कर कोई भी पूर्ववर्ती रचनाओं के उच्च स्तर तक नहीं पहुँच सकी। आज जैक लण्डन को जिन श्रेष्ठ रचनाओं के लिए याद किया जाता है, लगभग वे सभी 1911 के पहले की हैं।

जैक लण्डन को इस दौरान जीवन में भी कई सदमे झेलने पड़े। 1912 में चार्मियन के गर्भपात के बाद पता चला कि वह अब कभी माँ नहीं बन सकेगी। 1913 में 'वुल्फ़ हाउस' जैसे ही बनकर तैयार हुआ, उसमें ऐसी भयंकर आग लगी कि पूरी इमारत जलकर राख हो गई। इसी वर्ष जैक लण्डन को डॉक्टरों ने चेतावनी दी कि उसके दोनों गुर्दों की हालत लगातार खराब होती जा रही है। लेकिन जैक लण्डन ने फिर भी हार नहीं मानी। लम्बी यात्राओं में प्रकृति का सान्निध्य उसे जीवन की परेशानियों से राहत देने का काम करता था। 1914 में मेक्सिको की क्रान्ति पर रिपोर्ट तैयार करने के लिए जैक लण्डन वहाँ चला गया। क्रान्ति में अमेरिकी हस्तक्षेप का समर्थन करने के कारण उसे अपने वामपंथी समाजवादी कामरेडों की कटु आलोचना

का शिकार होना पड़ा। पहले विश्वयुद्ध में अमेरिका की भागीदारी का समर्थन करने के बाद वह अपने पुराने कामरेडों से और अधिक दूर हो गया। लेकिन इन सबके बावजूद, जैक लण्डन की समाजवाद में आस्था और उत्पीड़ितों की पक्षधरता आखिरी साँस तक बनी रही। समाजवाद की विजय के प्रति गहरी शंका के बावजूद, कम-से-कम एक यूटोपिया के रूप में वह उसे लगातार अपनाये रहा। उसका तर्कशील मस्तिष्क पूँजीवादी विश्व की भौतिक-आत्मिक शक्तिमत्ता और पूँजी के विश्वव्यापी वर्चस्व की व्याख्या के लिए नीत्शे के नस्ली श्रेष्ठता के विचारों और सामाजिक डार्विनवाद के प्रतिक्रियावादी सिद्धान्तों को अपनाने तक चला जाता था, लेकिन समाजवाद के लिए संघर्ष का वह कभी भी विरोधी नहीं बना। उल्लेखनीय है कि निष्क्रिय होने के बाद भी वह समाजवादी पार्टी का सदस्य बना रहा और 1916 में, अपनी मृत्यु के ठीक पहले जब उसने पार्टी से इस्तीफा दिया तो कारण यह बताया कि अब पार्टी की 'लड़ाकू स्पिरिट' के बारे में उसके मन में सन्देह पैदा हो चुका है। जैक लण्डन के जटिल मानस के जीवनपर्यन्त असमाधानित वैचारिक अन्तर्विरोधों को समझने की दृष्टि से यह तथ्य बहुत गौरतलब है। यह अटकल लगाने के पर्याप्त आधार हैं कि जैक लण्डन यदि 1917 की अक्टूबर क्रान्ति और उसके बाद की दुनिया को देख पाता, यदि वह आखिरी मजदूर-आन्दोलन के नये उभार और 1919 में अमेरिकी कम्युनिस्ट पार्टी के गठन का साक्षी बन पाता, और यदि तीसरे-चौथे दशक में फासीवादी उभार तथा महामन्दी के संकट के काल में वह जीवित रहा होता तो दुनिया शायद एक बार फिर उसके विचारों और कृतित्व में मार्क्स द्वारा नीत्शे और स्पेंसर की पराजय होते देख पाती। बहरहाल, अटकल तो फिर भी अटकल है।

बचपन से कठिन जीवन, बीहड़ घुमक्कड़ी की तकलीफों और धुआँधार लेखन की दिनचर्या ने जैक लण्डन के खूबसूरत और मजबूत शरीर को पैंतीस की उम्र तक खोखला कर डाला था। 1914 में मेक्सिको-यात्रा के दौरान उसे प्लूरसी और गम्भीर पेचिश ने धर पकड़ा। 1915 में तुर्की-यात्रा के दौरान गठिया ने प्रचण्ड हमला किया। पाँच माह तक हवाई में स्वास्थ्य-लाभ भी किया, पर कोई खास फायदा नहीं हुआ। 1916 में घर लौटने के बाद गठिया के साथ ही 'यूरेमिया' (मूत्ररुधिरता) का भी प्रकोप हुआ और उसके बाद 'रेनल कॉलिक' (गुर्दे से जुड़ा उदरशूल) का हमला हुआ। अनिद्रा स्थायी समस्या बन चुकी थी। नवम्बर में 'इण्टर्स्टिशियल नेफ्राइटिस' (गुर्दे की बीमारी) ने निर्णायक प्रहार किया। महज चालीस वर्षों का जीवन, लेकिन बेहद तूफानी, सर्जनाशील और प्रयोगों से भरा हुआ जीवन जीने के बाद, जैक लण्डन ने 22 नवम्बर, 1916 की शाम को आखिरी साँस ली। वह उत्तप्त-उद्दीप्त उल्कापिण्ड-सा जीवन बुझ गया और क्षितिज पर शेष रह गई प्रकाश की एक रेखा!

जैक लण्डन की सर्जनात्मक शक्ति और वैचारिक अन्तर्विरोध

'लेखक और जनता के बीच एक विचित्र और पेचीदा सम्बन्ध है। यह केवल लेखक और पाठक का ही सम्बन्ध नहीं है, बल्कि इससे कहीं बड़ी चीज है। कारण कि जनता में विभिन्न श्रेणियों, विभिन्न हितों, अनुराग-आकांक्षाओं और विभिन्न बौद्धिक स्तरवाले सभी प्रकार के स्त्री-पुरुष होते हैं। यह जनता (चाहे वह ऊपर से देखने में कितनी ही उदासीन और निष्क्रिय क्यों न लगती हो) प्रचण्ड वर्ग-संघर्षों, राष्ट्रीय और जातीय पूर्वग्रहों तथा मानवता के जीवन में अपनी अनिवार्य गति से आगे बढ़ते हुए इतिहास की विरासत से आन्दोलित होती रहती है। जनता के बीच से ही लेखक अपने पात्रों को लेता है और उसके पाठक भी जनता के बीच से ही मिलते हैं। अपनी कच्ची सामग्री वह इसी से प्राप्त करता है और उसके आलोचक भी इसी में से पैदा होते हैं। महान उपन्यासों में सृष्टा, पात्रों और पाठकों के बीच एक प्रकार की सजीव एकता होती है। जहाँ यह एकता नहीं होती वहाँ लेखक अपनी जनता से पृथक् होता है, उसकी उपेक्षा करता है या लेखक की आत्मा इस मामले में अचेत होती है, वहाँ रक्तशून्यता की सम्भावना भी सर्वाधिक रहती है। ऐसा मालूम होता है मानो कल्पना के रसायन में किसी महत्त्वपूर्ण तत्व का अभाव है जिसने लेखक के चिन्तन को खोखला या उसकी शक्तियों को पंगु बना दिया है।'

[राल्फ़ फ़ॉक्स : उपन्यास और लोकजीवन]

राल्फ़ फ़ॉक्स की ये पंक्तियाँ हमें जैक लण्डन की ताकत को और साथ ही कमजोरी को समझने में विशेष मदद करती हैं। जैक लण्डन शब्दों के वास्तविक अर्थों में जनता का आदमी था और इसीलिए वह जनता का सच्चा लेखक बन सका। श्रम की गरिमा और श्रम-शक्ति के शोषण का उसका अनुभव प्रत्यक्ष था। सामाजिक रसातल के अन्धकारमय जीवन को उसने खुद देखा और भोगा था। यही कारण था कि नस्ली श्रेष्ठता और सामाजिक डार्विनवाद के सिद्धान्तों से (इतिहास और विज्ञान के अपने अल्पज्ञान के कारण) अभिभूत होने के बावजूद वैज्ञानिक समाजवाद की कृतियों से परिचय होते ही उसका प्रभाव जैक लण्डन के मानस पर हावी हो गया। मेहनतकशों के संघर्ष में भागीदारी ने जैक लण्डन की प्रतिबद्धता को पुख्ता आधार दिया और उसकी कृतियों में सृष्टा, पात्रों और पाठकों के बीच की एक सजीव एकता फलीभूत हुई। परिणाम इस रूप में आज सामने है कि विश्व-साहित्य के इतिहास में सर्वहारा-साहित्य और समाजवादी यथार्थवाद के उद्भव के साथ मक्सिम गोर्की के बाद जो दूसरा नाम जुड़ा हुआ माना जाता है, वह जैक लण्डन का है। तत्कालीन अमेरिकी समाज के प्रतिक्रान्तिकारी परिवेश में इतिहास की परिवर्तनकारी गति को न देख पाने के चलते दूसरे दशक में, अपने जीवन के अन्तिम छह वर्षों में उसकी सर्जनात्मक

शक्ति क्षरित होती प्रतीत होती है, लेकिन चूँकि जनता से एकदम विमुख वह कभी नहीं हुआ था इसलिए प्रतिगामी विचारों के प्रभाव और पराभव के इस दौर में भी उसके कृतित्व में हमें प्रतिभा और उत्कृष्टता की कौंधें दीख जाती हैं।

अपनी जिन प्रारम्भिक रचनाओं में जैक लण्डन ने स्पेंसर और नीत्शे के प्रभाव में *'मजबूत के अधिकार'* को काव्यात्मक बनाकर प्रस्तुत किया, उनकी अन्तर्वस्तु का ताना-बाना भी एकायामी नहीं था। 'पिछड़ी जातियों' पर 'श्वेत नवागतों' की श्रेष्ठता का चित्रण करते समय भी लुटेरों के बरक्स लण्डन ने एक सकारात्मक नायक को खड़ा किया जो सच्चा प्यार करने और किसी दोस्त या जरूरतमन्द की मदद करने के आत्मिक गुण से सम्पन्न होता था। उत्तरी इलाकों की अपनी कहानियों में जैक लण्डन ने बुर्जुआ सभ्यता को अनछुई प्रकृति के सामने खड़ा करने की कोशिश की। अनछुई, शुद्ध बना देनेवाली प्रकृति के प्रति सम्मोहन और बुर्जुआ सभ्यता की तकनीकी-सांस्कृतिक उपलब्धियों के प्रति आस्था के बीच सतत द्वन्द्व उसकी कहानियों में आद्यन्त एक किस्म के तनाव का निर्माण करता रहा।

प्रकृति के साथ जैक लण्डन ने अपनी प्रारम्भिक रचनाओं से ही जो जटिल द्वन्द्वात्मक रिश्ता कायम करना शुरू किया था, वह अन्त तक बना रहा। एक धरातल पर वह मनुष्य और प्रकृति के इस शाश्वत द्वन्द्व को दिखलाता है जहाँ प्रकृति का अंग होने के साथ ही उत्पादक शक्तियों को अपने विकास के लिए उससे जूझना भी होता है। दूसरे धरातल पर, भीषण प्रकृति से जिन्दगी की हिफाजत के लिए इनसान की लड़ाई में वह सामाजिक संघर्ष में जूझ रहे नर्क की जिन्दगी बितानेवाले लोगों की जिजीविषा और युयुत्सा का रूपक तलाशता और गढ़ता दिखाई देता है। एक तीसरे धरातल पर उसकी रचनाओं में प्रकृति हमें घोर मानवद्रोही बुर्जुआ समाज से दूर एक आत्मीय-आदिम शरण्य के रूप में दीखती है और अलगाव के निषेध का समग्र प्रभाव उत्पन्न होता है।

1901 से लेकर लगभग 1910 तक, या कुछ समय बाद तक, की अवधि में जैक लण्डन का कृतित्व सर्वाधिक सुसंगत सर्वहारा साहित्य के रूप में सामने आता है। **दि पीपुल ऑफ़ दि एबिस** के प्रयोगपूर्ण अनूठे रिपोर्ताजों में, **दि वार ऑफ़ दि क्लासेज़** और **रिवोल्यूशन** नामक अपने भाषणों के संकलनों में तथा अधिकांश कहानियों में वह सीधे-सीधे निर्णायक और समझौताहीन वर्ग-संघर्ष की वकालत करता नजर आता है। **आयरन हील** उपन्यास शिल्प की दृष्टि से भी इस मायने में एक अनूठा प्रयोग था कि इसकी संरचना यूटोपियाई थी। उपन्यास की घटनाएँ भविष्य में घटित होती हैं। इस उपन्यास में लण्डन ने वित्तीय और औद्योगिक तंत्र के महाप्रभुओं की तीक्ष्ण आलोचना प्रस्तुत करते हुए दुनिया के सामाजिक रूपान्तरण के लिए उठ खड़े हुए उस विकट संघर्ष का एक काल्पनिक चित्र उपस्थित किया है, जिसमें अर्नेस्ट एवरहार्ड जैसे पेशेवर

क्रान्तिकारी और उसके कामरेड अपनी कुर्बानी देते हैं। उपन्यास में उसने एक ऐसी बुर्जुआ राज्यसत्ता का चित्र उपस्थित किया है जो जनवाद के दिखावे तक को त्यागकर पूर्णतः सर्वसत्तावादी निरंकुश तंत्र बन चुका है और जिसने अन्तरराष्ट्रीय सर्वहारा वर्ग को कुचलकर मानव-सभ्यता के विकास को सैकड़ों वर्ष पीछे धकेल दिया है। जैक लण्डन जब यह उपन्यास लिख रहा था, उस समय अभी फासीवाद की परिघटना अस्तित्व में भी नहीं आई थी। कार्ल मार्क्स ने **लुई बोनापार्त की अठारहवीं ब्रूमेर** में एक ऐसे शासन-तंत्र की व्याख्या की थी जिसमें बुर्जुआ वर्ग अपना आर्थिक शासन जारी रखता है और बुर्जुआ वर्ग से स्वतंत्र बुर्जुआ राजनीतिक सम्पूर्णतः निरंकुश आचरण करता है। **लेनिन** ने यह पूर्वानुमान किया था कि अस्तित्व का संकट उत्पन्न होने पर बुर्जुआ वर्ग बुर्जुआ जनवाद को पूरी तरह तिलांजलि देकर खुले वर्ग-अधिनायकत्व को पूर्णतः निरंकुश रूप में लागू कर देगा। तीसरे दशक में फासीवाद के उभार के बाद इन्हीं विचार-सूत्रों को पकड़कर दुनिया की कम्युनिस्ट पार्टियों और मार्क्सवादी बुद्धिजीवियों ने इस नई परिघटना के व्याख्या-विश्लेषण की शुरुआत की। लेकिन जैसाकि **हावर्ड फास्ट, अदोर्नो** और **डेव रेण्टन** ने इंगित किया है, जैक लण्डन ने 'आयरन हील' में प्रस्तुत भविष्य-चित्र में एक दशक से भी अधिक समय पहले फासीवाद का सटीक पूर्वानुमान प्रस्तुत कर दिया था। आज की भूमण्डलीकृत विश्व-व्यवस्था में फासीवादी शक्तियों के व्यापक पुनरुत्थान के नये दौर में 'आयरन हील' को पढ़ना एक दिलचस्प अनुभव होगा। यहाँ यह उल्लेख भी अप्रासंगिक नहीं है कि चौथे दशक में यूरोप में और मैकार्थीकालीन प्रतिक्रिया के दौर में अमेरिका में 'आयरन हील' उपन्यास इतना खतरनाक माना जाने लगा था कि लोग इसे छुपाकर पढ़ते थे।

अपने दूसरे महत्त्वपूर्ण उपन्यास 'मार्टिन ईडन' में जैक लण्डन ने जिन्दगी की नंगी सच्चाइयों के बेलागलपेट चित्रण के लेखक के अधिकार की वकालत करते हुए वास्तविक जीवन में उसकी सक्रिय भागीदारी को भी जरूरी बताया है। अमेरिकी साहित्य में लण्डन पहला लेखक था जिसने प्रतिभा के विनाश को विषयवस्तु बनाया। मार्टिन ईडन अकेला है और जनता के मुक्ति-संघर्ष में अपनी जगह तय कर पाने की अक्षमता में उसकी त्रासदी निहित है।

1911 से 1916 के बीच जैक लण्डन ने जो कुछ भी लिखा, उसका अधिकांश फिलिस्टाइन अभिरुचि के अनुकूल था। एक बार फिर सामाजिक डार्विनवाद का भूत उसके सिर चढ़कर बोलने लगा था। **टाइम डज़ नॉट वेट, दि वैली ऑफ़ दि मून, दि लिटिल लेडी ऑफ़ दि बिग हाउस** और **हार्ट्स ऑफ़ थ्री** जैसी कृतियों में जैक लण्डन का स्वच्छन्दतावाद स्पष्टतः अतीतोन्मुख अवस्थिति अपनाकर सामाजिक समस्याओं का समाधान *'प्रकृति की ओर वापसी'* के नारे में ढूँढ़ता दीखता है।

जैक लण्डन के रचना-संसार के इन गतिशील अन्तर्विरोधों को उसके जीवन के अन्तर्विरोधों, तत्कालीन अमेरिकी जीवन के अन्तर्विरोधों और साम्राज्यवाद के दौर में पतन-विघटन का शिकार अमेरिकी समाजवादी आन्दोलन के अन्तर्विरोधों के परिप्रेक्ष्य में ही समझा जा सकता है। उसका कृतित्व अपने-आप में युगीन अन्तर्विरोधों के दर्पण का काम करता है।

अपने जीवन के अन्तिम कुछ वर्षों के वैचारिक विचलन के बावजूद, विशेषकर 1910-11 तक की अपनी उत्कृष्ट कृतियों के चलते विश्व सर्वहारा साहित्य के प्रवर्तकों की कतार में, तथा समकालीन अमेरिकी साहित्य में यथार्थवादी परम्परा को नई ऊँचाइयों तक पहुँचानेवाले सर्जक के रूप में, जैक लण्डन का महत्त्व अक्षुण्ण है। एक जुझारू लेखक होने के साथ ही वह नई थीमों और नये रूपों का अद्वितीय अन्वेषक था।

पुनरुत्थान और विपर्यय के इस विश्व-ऐतिहासिक दौर में, विशेष तौर पर भारत जैसे देश में, जन-मुक्ति संघर्ष की राष्ट्रीय परम्परा से जुड़े साहित्य के साथ ही सर्वहारा यथार्थवाद की उस समृद्ध अन्तरराष्ट्रीय परम्परा का पुनरुज्जीवन आवश्यक है जिसके प्रवर्तकों में जैक लण्डन का नाम भी शामिल है। यह भविष्य-सन्धान के लिए स्मृतियों के पुनराविष्कार से जुड़े जरूरी कार्यभारों में से एक है।

जैक लण्डन के कृतित्व को आज इसी दृष्टि से पढ़ने की जरूरत है।

–कात्यायनी
सत्यम

ज़िन्दगी से प्यार

'सब कुछ में से बस यह बचा रह जाएगा—
उन्होंने जिन्दगी जी है और अपना पासा फेंका है
खेल में बहुत कुछ जीता जाएगा
पर पासे का सोना तो हारा जा चुका है।'

वे दर्द से लँगड़ाते हुए कगार से उतरे, और आगे चल रहा आदमी रुखड़े पत्थरों के बीच एक बार लड़खड़ा गया। वे थके और कमजोर थे, और उनके चेहरों पर धीरज का वह भाव था जो लम्बे समय तक कठिनाई का सामना करने से आ जाता है। उनके कंधों पर भारी पिट्ठू और लपेटे हुए कम्बल लदे थे। उनके माथे से गुजरता पिट्ठू का चौड़ा पट्टा उसे सहारा दे रहा था। दोनों के पास एक-एक राइफल थी। वे झुके हुए चल रहे थे; कंधे आगे को निकले और सिर और भी आगे बढ़ा हुआ, आँखें जमीन पर गड़ी हुई।

"काश, हमारे पास उनमें बस दो ही कारतूस होते जो हमारे उस भण्डार में पड़े हुए हैं !" दूसरे आदमी ने कहा।

उसकी आवाज एकदम भावहीन और नीरस थी। उसकी बात में कोई उत्साह नहीं था; और चट्टानों के ऊपर से बहती फेनिल दूधिया धारा में लँगड़ाते हुए चलते पहले आदमी ने कोई जवाब नहीं दिया।

दूसरा आदमी उसके पीछे-पीछे चलता रहा। उन्होंने अपने जूते उतारे नहीं थे, हालाँकि पानी बर्फ-सा ठण्डा था—इतना ठण्डा कि उनके टखने दुखने लगे और उनके पाँव सुन्न हो गये। कहीं-कहीं पानी उनके घुटनों से टकराता था और दोनों को डगमगाते हुए अपने पैर ठीक से टिकाने पड़ते थे।

पीछे चल रहा आदमी एक चिकने पत्थर पर फिसलकर करीब-करीब गिर पड़ा; उसने पूरा जोर लगाकर खुद को सँभाला, लेकिन उसके मुँह से दर्द की तेज चीख निकल पड़ी। उसे चक्कर-सा आ गया और घूमते हुए उसने अपना खाली हाथ आगे बढ़ाया, मानो हवा को थामना चाह रहा हो। सँभलने के बाद उसने आगे कदम बढ़ाया, लेकिन एक बार फिर लड़खड़ाकर लगभग गिर पड़ा। फिर वह स्थिर खड़ा होकर

आगेवाले को देखने लगा, जिसने एक बार भी सिर नहीं घुमाया था।

आदमी पूरे एक मिनट तक चुपचाप खड़ा रहा, जैसे दुविधा में हो। फिर उसने पुकारा :

"सुनो, बिल, मेरे टखने में मोच आ गई है।"

बिल दूधिया पानी से होकर डगमगाता हुआ बढ़ता गया। उसने मुड़कर देखा नहीं। पहला आदमी उसे जाते हुए देखता रहा, और हालाँकि उसका चेहरा अब भी पहले की तरह भावहीन था, पर उसकी आँखें घायल हिरन-सी हो गई थीं।

दूसरा आदमी लँगड़ाते हुए उस पार के तट पर चढ़ा और पीछे देखे बिना सीधे चलता गया। धारा के बीच खड़ा आदमी उसे देख रहा था। उसके होंठ हल्के-से काँपे, जिससे उन्हें ढँके हुए भूरे बालों के गुच्छे में हलचल साफ दिखाई दी। उसने मूँछों पर जुबान फिराई।

"बिल!" उसने फिर आवाज लगाई। यह एक मुसीबतजदा इनसान की मदद की गुहार थी, लेकिन बिल की गर्दन नहीं घूमी। आदमी उसे जाता देखता रहा। वह भयानक ढंग से लँगड़ाते और आगे की ओर झुके हुए नीची पहाड़ी के हल्के उभार पर चला जा रहा था। वह उसे जाते हुए देखता रहा जब तक कि वह उभार के दूसरी ओर पहुँचकर आँख से ओझल नहीं हो गया। फिर उसने नजर घुमाई और धीरे-धीरे अपने चारों ओर की उस दुनिया को देखा जिसमें बिल उसे अकेला छोड़ गया था।

क्षितिज के पास सूरज का सुलगता गोला कुहासे और भाप के बीच से धुँधला-सा दिख रहा था। आदमी ने एक टाँग पर वजन देकर खड़े होते हुए जेब से घड़ी निकाली। चार बज रहे थे, और चूँकि जुलाई का आखिरी या अगस्त का पहला दिन था—उसे तारीख ठीक-ठीक नहीं मालूम थी—इससे उसने अनुमान लगाया कि सूरज लगभग उत्तर-पश्चिम में था। उसने दक्षिण की ओर देखा। उसे मालूम था कि उन धुँधली पहाड़ियों के पार कहीं ग्रेट बियर लेक है। उसे यह भी पता था कि उस दिशा में कनाडियन बैरन के उजाड़ विस्तार को बीच से काटता हुआ आर्कटिक घेरा गुजरता है। जिस धारा में वह खड़ा था, वह कॉपरमाइन नदी में जाकर मिलती थी जो उत्तर की ओर बहकर कोरोनेशन खाड़ी और आर्कटिक सागर में गिरती थी। वह कभी वहाँ गया नहीं था, पर उसने एक बार हडसन बे कम्पनी के चार्ट पर इसे देखा था।

एक बार फिर उसने अपने इर्द-गिर्द नजर दौड़ाई। यह कोई उत्साहजनक दृश्य नहीं था। हर ओर क्षितिज धुँधला-सा था। सारी पहाड़ियाँ नीची थीं। कहीं कोई पेड़ नहीं था, न कोई झाड़ी, न घास—कुछ नहीं, बस एक जबर्दस्त और भयंकर वीरानी जो उसकी आँखों में डर भरती जा रही थी।

"बिल!" वह फुसफुसाया, पहले एक बार, फिर दोबारा, "बिल!"

वह दूधिया पानी के बीच खड़ा ऐसे दुबक रहा था जैसे दृश्य की विराटता उसे

बेपनाह ताकत से दबा रही हो, अपनी भीषणता से उसे बुरी तरह कुचले डाल रही हो। वह जूड़ी के दौरे की तरह काँपने लगा और छपाक की आवाज के साथ बन्दूक उसके हाथ से गिर पड़ी। इससे वह चौंक गया। उसने अपने दिल से डर दूर किया और खुद को सँभालकर पानी में टटोलते हुए हथियार बाहर निकाल लिया। उसने अपना पिट्ठू बाएँ कन्धे पर और ऊपर चढ़ा लिया ताकि चोटिल टखने पर उसका वजन कुछ कम हो सके। फिर वह धीरे-धीरे और सावधानी के साथ तट की ओर चल दिया। हर कदम पर दर्द की लहर उसके पैर से होते हुए बदन में दौड़ जाती थी।

वह रुका नहीं। पागलपन की हद तक पहुँची बदहवासी के साथ दर्द पर ध्यान दिये बिना, वह हड़बड़ाते हुए उस पहाड़ी के ऊपर चढ़ गया जिसके दूसरी ओर उसका साथी गुम हो गया था। वह लँगड़ाते और भचकते अपने साथी से भी ज्यादा भद्‌दा और विद्रूप लग रहा था। ऊपर पहुँचकर उसने एक छिछली, वीरान घाटी देखी। उसने एक बार फिर अपने डर पर काबू पाया, पिट्ठू को बाएँ कन्धे पर और ऊपर चढ़ाया और एक ओर को झुके हुए ढलान से नीचे उतरने लगा।

घाटी की तलहटी एकदम गीली थी। घनी, मोटी काई पानी को स्पंज की तरह सतह के करीब रखती थी। हर कदम पर उसके पैरों के नीचे से पानी छलछलाकर निकलता था और हर बार जब वह पैर उठाता था तो काई से 'सक्क' की आवाज होती थी। वह काई के समुद्र में छोटे-छोटे टापुओं की तरह उभरी चट्टानों पर पैर रखते हुए पहले आदमी के पदचिह्नों पर चल रहा था।

वह अकेला था, पर खोया नहीं था। उसे मालूम था कि और आगे, वह एक ऐसी जगह पहुँचेगा जहाँ छोटे-छोटे सूखे फर वृक्षों से घिरी एक छोटी-सी झील *तित्चिन निचिली* थी, उस इलाके की जुबान में जिसका अर्थ था—'नन्ही छड़ियों की भूमि।' और उस झील में एक छोटी धारा बहकर आती थी, जिसका पानी दूधिया नहीं था। उस धारा के किनारे ऊँची घास थी—यह उसे अच्छी तरह याद था—लेकिन पेड़ नहीं थे। वह इस धारा के साथ-साथ वहाँ तक जायेगा जहाँ यह खड़ी चट्टान तक पहुँचकर खत्म हो जाती है। वह इस चट्टान को पार करेगा और पश्चिम की ओर बहनेवाली दूसरी धारा के साथ-साथ वहाँ तक जायेगा जहाँ यह डीज नदी में गिरती है। और वहाँ उसे कई चट्टानों से ढँकी एक उल्टी डोंगी के नीचे छिपा अपना गुप्त भण्डार मिलेगा। इस भण्डार में हैं उसकी खाली बन्दूक के लिए गोलियाँ, मछली पकड़ने के काँटे और डोरी और छोटा-सा जाल—खाना जुटाने के लिए पर्याप्त साजो-सामान। साथ ही, उसे थोड़ा-सा आटा, नमक लगे सुअर के मांस का एक टुकड़ा और कुछ बीन्स भी मिल जायेंगी।

बिल वहाँ उसका इन्तजार कर रहा होगा, और वे दोनों डोंगी में साथ-साथ डीज की धारा के साथ दक्षिण की ओर ग्रेट बियर लेक तक निकल जायेंगे। और फिर वे

विशाल झील के पार, और दक्षिण की ओर चलते जायेंगे, जब तक कि वे मैकेंजी नहीं पहुँच जाते। जाड़ा उनका पीछा करेगा पर वे दक्षिण, और दक्षिण चलते जायेंगे। नदियाँ-धाराएँ सब जम जायेंगी और दिन ठण्डे और शुष्क होते जायेंगे, पर वे आर्कटिक के जाड़े की पकड़ से दूर, हडसन बे कम्पनी की किसी गर्म चौकी पर पहुँच जायेंगे, जहाँ पेड़ ऊँचे और घने होंगे और खाने को भरपूर होगा।

आगे बढ़ते हुए वह आदमी यही सब सोच रहा था। लेकिन वह अपने शरीर से जितना जोर लगा रहा था, उतना ही जोर उसका दिमाग भी लगा रहा था, यह सोचने में कि बिल उससे दगा नहीं कर गया था, कि बिल उस भण्डार के पास उसका इन्तजार जरूर करेगा। उसे ऐसा सोचना ही था, वरना कोशिश करने का कोई मतलब नहीं रह जाता, और वह वहीं पड़े-पड़े मर जाता। और जब सूरज का धुँधला गोला उत्तर-पश्चिम में धीरे-धीरे डूब रहा था, तब तक वह आनेवाले जाड़े के पहले अपने और बिल के दक्षिण की ओर पलायन का पूरा रास्ता, एक-एक इंच, कई बार मन में तय कर चुका था। और वह अपने गुप्त भण्डार का खाना तथा हडसन बे कम्पनी की चौकी का खाना कई-कई बार हड़प कर चुका था। पिछले दो दिन से उसने कुछ नहीं खाया था। उसके पहले भी काफी समय से उसे जीभर के खाने को नहीं मिला था। बीच-बीच में वह रुककर बेरंग मस्केग बेरियाँ उठाकर मुँह में रखता और उन्हें चबाकर निगल लेता था। मस्केग बेरी के पनीले गूदे के भीतर एक छोटा-सा बीज होता है। मुँह में रखते ही गूदा पानी हो जाता है और बीज चबाने पर तीखा लगता है। वह आदमी जानता था कि बेरियों में जरा भी पोषण नहीं है, लेकिन वह उस उम्मीद के साथ उन्हें चबाये जा रहा था जो ज्ञान से बड़ी होती है और अनुभव को झुठलाती है।

नौ बजे उसे एक बाहर निकली हुई चट्टान से ठोकर लगी, और थकान और कमजोरी से लड़खड़ाकर वह गिर पड़ा। कुछ देर तक वह बिना हिले-डुले बाईं करवट पड़ा रहा। फिर वह पिट्ठू के पट्टों से सरककर निकल आया और किसी तरह घिसटकर बैठने की मुद्रा में आ गया। अभी अँधेरा नहीं हुआ था, और ढलती रात के झुटपुटे में वह चट्टानों के बीच सूखी काई टटोलने लगा। जब एक ढेरभर जुट गया तो उसने आग जलाई—सुलगती, धुआँ देती आग—और टीन के एक बर्तन में पानी उबलने को रख दिया।

उसने अपना पिट्ठू खोला और सबसे पहले माचिस की तीलियाँ गिनीं। कुल सड़सठ थीं। उसने पक्का करने के लिए उन्हें तीन बार गिना। फिर उसने उनके कई हिस्से किये और उन्हें मोमिया कागज में लपेट दिया। एक पुड़िया उसने तम्बाकू की खाली थैली में रखी, एक अपने मुड़े-तुड़े टोप के अन्दरवाले फीते में फँसाई और तीसरी को कमीज के अन्दर डाल लिया। यह कर चुकने के बाद वह एकदम से घबरा उठा

और उसने सबको खोलकर फिर से गिना। वे अब भी सड़सठ थीं।

उसने आग के पास बैठकर अपने भीगे जूते और जुराबें सुखाईं। हिरन की खाल के जूते भीगकर फूले और तार-तार हो रहे थे। मोटी ऊनी जुराबें जगह-जगह घिस गई थीं और उसके जख्मी पैरों से खून बह रहा था। उसका टखना दर्द से थरथरा रहा था। उसने गौर से उसका मुआइना किया। वह सूजकर उसके घुटने के बराबर हो गया था। उसने अपने दो कम्बलों में से एक से एक लम्बी पट्टी फाड़ी और टखने को कसकर बाँध दिया। उसने कुछ और पट्टियाँ फाड़ीं और उन्हें अपने पैरों पर लपेट लिया ताकि वे जूते-मोजे दोनों का काम करें। फिर उसने भाप छोड़ता उबला पानी पिया, घड़ी में चाभी दी और कम्बल में घुस गया।

वह मुर्दे की तरह सोया। आधी रात के करीब कुछ देर के लिए अँधेरा छाया और छँट गया। उत्तर-पूर्व में सूरज उगा--या यूँ कहें कि उस तरफ से पौ फटी क्योंकि सूरज तो भूरे बादलों से ढँका हुआ था।

छः बजे वह जागा, पर चुपचाप पीठ के बल लेटा रहा। भूरे आसमान को निहारते हुए उसे भूख महसूस हुई। कोहनी के बल करवट बदलते ही जोर से घुरघुराने की आवाज से वह चौंका और देखा कि एक नर रेण्डियर चौकन्ने कुतूहल से उसे देख रहा है। जानवर उससे पचास फीट से ज्यादा दूरी पर नहीं था और आदमी के मन में फौरन ही आग पर भुनते रेण्डियर के मांस का दृश्य और स्वाद कौंध गया। यंत्रवत् उसने खाली बन्दूक उठाई, घोड़ा चढ़ाया और ट्रिगर दबा दिया। हिरन ने फुफकार मारी और पत्थरों पर खुरों की तेज आवाज के साथ उछलकर भागा।

आदमी ने गाली देकर खाली बन्दूक दूर फेंक दी। खड़े होने की कोशिश करते हुए उसने जोर से कराह भरी। यह धीमा और मुश्किल काम था। उसके जोड़ जंग खाये कब्जों की तरह हो गये थे। हर हरकत पर उसका जोड़-जोड़ कड़कड़ कर उठता था और पूरा जोर लगाकर ही वह हाथ-पैर मोड़ या खोल पा रहा था। आखिरकार, जब वह अपने पैरों पर खड़ा हो गया, उसके बाद भी इनसान की तरह सीधा खड़ा होने में उसे एक मिनट और लग गया।

वह एक छोटे-से टीले पर चढ़ गया और चारों ओर देखा। कहीं न कोई पेड़ था, न झाड़ी, बस काई का धूसर समुद्र था जिसके बीच-बीच में कहीं-कहीं धूसर चट्टानें, धूसर जलकुण्ड और धूसर जलधाराएँ कुछ विविधता पैदा कर रही थीं। आसमान भी धूसर था। सूरज या धूप का नामो-निशान नहीं था। उसे उत्तर दिशा का कोई बोध नहीं था और वह भूल चुका था कि पिछली रात किस रास्ते से यहाँ पहुँचा था। लेकिन वह भटका नहीं था। उसे यह यकीन था। जल्दी ही वह नन्ही छड़ियों की भूमि तक पहुँच जायेगा। उसे लगा कि वह बाईं ओर कहीं थी, ज्यादा दूर नहीं--शायद उस नीची पहाड़ी के पार ही।

वह लौटकर अपना पिट्ठू यात्रा के लिए तैयार करने लगा। उसने माचिस की तीनों पुड़ियों को टटोलकर देखा, हालाँकि उसने फिर से उन्हें गिना नहीं। लेकिन वह बारहसिंगे के चमड़े की एक मोटी-सी थैली को लेकर कुछ देर असमंजस में रहा। वह ज्यादा बड़ी नहीं थी। वह अपनी दोनों हथेलियों से उसे ढँक सकता था। लेकिन उसका वजन पन्द्रह पौण्ड था—बाकी के सारे बोझ के बराबर—और इस बात से उसे चिन्ता हो रही थी। आखिर उसने थैली एक किनारे रख दी और कम्बलों को लपेटने लगा। वह रुका और बारहसिंगे के चमड़े की मोटी-सी थैली पर नजर डाली। फिर उसने अपने इर्द-गिर्द एक उद्धत निगाह के साथ उसे उठा लिया, मानो यह वीराना इसे उससे छीनने की कोशिश कर रहा हो; और जब वह डगमगाते कदमों से सफर जारी रखने के लिए उठा, तो यह उसके पिट्ठू में शामिल थी।

वह बाईं ओर चलता रहा, बस बीच-बीच में रुककर मस्केग बेरियाँ खाते हुए। उसका टखना अकड़ गया था और वह पहले से ज्यादा लँगड़ा रहा था, लेकिन उसका दर्द पेट के दर्द के आगे कुछ नहीं था। भूख से आँतें कुलबुला रही थीं। उनकी कुलबुलाहट इतनी बढ़ गई कि उसके लिए नन्ही छड़ियों की भूमि तक पहुँचने के रास्ते पर ध्यान टिकाये रहना मुश्किल हो गया। मस्केग बेरियों से आँतों की जलन कम नहीं हो रही थी पर उनके कड़वे रस से उसकी जुबान और तालू में छाले पड़ गये थे।

वह एक घाटी में पहुँचा जहाँ भटतीतरों का एक झुण्ड पंख फड़फड़ाते हुए चट्टानों और मस्केग के पौधों से अचानक उड़ा। वे केर्-केर्-केर् की आवाज निकाल रहे थे। उसने उन पर पत्थर फेंके लेकिन कोई निशाना सही नहीं बैठा। उसने अपना पिट्ठू जमीन पर रख दिया और गौरैया के पीछे लगी बिल्ली की तरह उनके पीछे लग लिया। नुकीले पत्थरों से उसकी पतलून कट गई और उसके घुटनों से खून बहने लगा; लेकिन इसकी पीड़ा को भूख की पीड़ा ने दबा दिया। गीली काई पर रेंगते हुए उसके कपड़े तर-बतर हो गये और बदन ठण्डा होने लगा; पर भूख का ज्वर इतना तेज था कि उसे इसका भान भी नहीं था। हर बार भटतीतर उसके सामने से पंख फड़फड़ाते हुए उड़ जाते थे। उनकी केर्-केर्-केर् से उसे चिढ़ होने लगी और वह गालियाँ बकते हुए उन्हीं की आवाज में उन पर चिल्लाने लगा।

एक बार वह रेंगकर एक के पास तक पहुँच गया जो शायद सोया हुआ था। आदमी ने भी उसे तब तक नहीं देखा था जब तक वह चट्टान के गड्ढे से उछलकर एकदम उसके चेहरे के सामने नहीं आ गया। उसने हड़बड़ाकर पकड़ने की कोशिश की पर उसके हाथ में पूँछ के तीन पंख ही आये। उसे उड़ता देख वह नफरत से भर उठा, मानो चिड़िया ने उसके खिलाफ कोई जुर्म कर दिया हो। फिर वह लौट आया और पिट्ठू कन्धे पर लाद लिया।

जैसे-जैसे दिन बीतता गया, वह ऐसी घाटियों से होकर गुजरा जहाँ पशु-पक्षी और

भी ज्यादा थे। रेण्डियर का एक झुण्ड कुछ दूरी से गुजरा। उसमें बीसेक जानवर थे और एकदम राइफल की रेंज में थे। उसने अपने भीतर उनके पीछे दौड़ पड़ने की एक उन्मत्त इच्छा महसूस की। उसे एकदम पक्का लग रहा था कि वह दौड़कर उन्हें पकड़ सकता है। फिर एक काली लोमड़ी उसे अपनी ओर आती दिखाई दी जिसके मुँह में एक भटतीतर था। आदमी चिल्लाया। यह एक डरावनी चीख थी लेकिन डरकर भागी लोमड़ी ने भटतीतर को छोड़ा नहीं। दोपहर बाद वह एक धारा के साथ-साथ चलने लगा जो यहाँ-वहाँ उगी नरकट के झुरमुटों से होकर बह रही थी। चूने की वजह से इसका पानी दूधिया था। नरकट को जड़ों के पास मजबूती से पकड़कर उसने खींचा और एक छोटे प्याज जैसी गाँठ निकाली। वह नर्म थी और उसमें दाँत धँसाते ही हुई कच्च की आवाज स्वादिष्ट भोजन का वादा कर रही थी। लेकिन इसके रेशे सख्त थे। उसमें बेरियों की तरह बस पानी से भरे ताँत जैसे रेशे थे जिनमें कोई पोषक तत्व नहीं था। उसने अपना पिट्ठू पटक दिया और घुटनों के बल नरकट के झुरमुट में घुसकर चरनेवाले जानवर की तरह गाँठें निकाल-निकालकर चबाने लगा।

वह बहुत थका हुआ था और आराम करने की इच्छा अकसर उसके मन में आती थी; वह कहीं भी लेटकर सो जाना चाहता था, लेकिन वह लगातार चलता जा रहा था। अब उसे नन्ही छड़ियों की भूमि तक पहुँचने की इच्छा नहीं बल्कि पेट में जलती आग हाँक रही थी। वह छोटे जलकुण्डों में मेढक ढूँढ़ता था और केंचुओं की तलाश में नाखूनों से मिट्टी खोद डालता था, हालाँकि वह जानता था कि इस सुदूर उत्तर में न तो मेढक होते हैं और न ही केंचुए।

वह हर जलकुण्ड में झुक-झुककर झाँकता था और आखिरकार जब लम्बी शाम ढलनी शुरू हो गई तो उसे ऐसे ही एक कुण्ड में एक अकेली छोटी-सी मछली दिखाई दी। वह पकड़ने के लिए लपका और कंधे तक उसका हाथ पानी में डूब गया, पर मछली पकड़ में नहीं आई। उसने दोनों हाथों से पकड़ने की कोशिश की जिससे तली की दूधिया मिट्टी हिल गई। उत्तेजना में वह पानी में गिर पड़ा और कमर तक भीग गया। अब पानी इतना गँदला हो गया था कि वह मछली को देख नहीं सकता था और उसे पानी थिरा जाने और मिट्टी नीचे बैठ जाने तक इन्तज़ार करना पड़ा।

कोशिश फिर शुरू हुई और एक बार फिर पानी गँदला हो गया। लेकिन वह इन्तजार नहीं कर सकता था। उसने टीन की बाल्टी निकाली और कुण्ड को खाली करने लगा। शुरू में वह पागलों की तरह पानी फेंकने लगा जिससे वह खुद भी भीग रहा था और पानी इतना नजदीक गिर रहा था कि बहकर वापस चला जाता था। फिर वह ज्यादा सावधानी से काम करने लगा। वह शान्त रहने की पूरी कोशिश कर रहा था हालाँकि उसका दिल जोरों से धड़क रहा था और उसके हाथ काँप रहे थे। आधे घंटे बाद कुण्ड करीब-करीब सूख चुका था। उसमें एक कप भी पानी नहीं था।

लेकिन मछली का अता-पता नहीं था। उसे पत्थरों के बीच एक दरार दिखाई दी जिससे होकर वह बगल के एक बड़े कुण्ड में भाग गई थी जिसे वह सारा दिन और सारी रात काम करके भी खाली नहीं कर सकता था। अगर उसे दरार का पता होता तो वह शुरू में ही एक पत्थर से उसे बन्द कर सकता था और तब मछली उसकी हो चुकी होती।

यह सोचते हुए वह भहराकर भीगी जमीन पर धम्म से बैठ गया। पहले तो वह अपने आप से धीमे-धीमे सुबकता रहा, फिर वह चारों ओर फैले निर्मम वीराने में ऊँची आवाज में रो पड़ा और काफी देर तक उसका शरीर सिसकियों और हिचकियों से काँपता रहा।

उसने आग जलाई और गरम पानी पी-पीकर अपने भीतर गर्मी पैदा की और पिछली रात की तरह एक चट्टान पर लेट गया। सोने से पहले उसने अपनी माचिस की तीलियों को टटोला और घड़ी में चाभी दी। कम्बल भीगकर लिसलिसे हो गये थे। उसका टखना दर्द से थरथरा रहा था। लेकिन उसे सिर्फ भूख का अहसास हो रहा था और अपनी बेचैनीभरी नींद के दौरान वह दावतों, भोजों और तरह-तरह से सजी खाने की चीजों के सपने देखता रहा।

वह जागा तो ठण्ड उसकी हड्डियों में समा चुकी थी और वह बीमार महसूस कर रहा था। सूरज का कहीं पता नहीं था। धरती और आसमान का धूसर रंग और गहरा, और गाढ़ा हो गया था। ठण्डी, खुश्क हवा बह रही थी और पहाड़ियों की चोटियाँ मौसम की पहली बर्फ से सफेद दिखने लगी थीं। जितनी देर में उसने आग जलाई और पानी उबाला, उतने में ही उसके इर्द-गिर्द की हवा गाढ़ी और सफेद होने लगी। यह भीगी बर्फ थी; बर्फ के फाहे बड़े और गीले थे। शुरू में वे धरती को छूते ही पिघल जाते थे, लेकिन फिर उनकी तादाद बढ़ती गई। उन्होंने जमीन को ढँक लिया, आग बुझा दी और सूखी काई का उसका ईंधन बरबाद कर दिया।

उसके लिए यह संकेत था कि अपना पिट्ठू लादे और गिरते-पड़ते आगे चल पड़े। कहाँ जाना है, अब यह उसे पता नहीं था। अब उसे न तो नन्ही छड़ियों की भूमि की फिक्र थी, न बिल की और न डीज नदी के किनारे उल्टी डोंगी के नीचे छुपे भण्डार की। उस पर बस एक विचार हावी था, 'कुछ खाना है।' वह भूख से पागल हो रहा था। उसे इस बात का जरा भी ध्यान नहीं था कि वह किधर जा रहा था। बस, वह रास्ता घाटियों की तली से गुजरना चाहिए था ताकि वह भीगी बर्फ में टटोलकर मस्केग बेरियाँ और गाँठोंवाली घास खींचकर निकाल सके। लेकिन ये सब एकदम बेस्वाद थे और उनसे तसल्ली नहीं मिलती थी। उसे एक सेवार मिली जिसका स्वाद खट्टा-सा था और वह जितनी भी ढूँढ़ पाया, सब खा गया। हालाँकि यह ज्यादा नहीं थी क्योंकि उसकी लता कई इंच बर्फ के नीचे छुप गई थी।

उस रात उसे आग और गर्म पानी के बिना ही काम चलाना पड़ा, और वह भीगे कम्बलों में लिपटा भूख के सपने देखता हुआ सो गया। बर्फ ठण्डी बारिश में बदल गई। वह कई बार जागा और अपने चेहरे पर इसे महसूस किया। दिन निकला—एक और धूसर, बिना सूरजवाला दिन। बारिश बन्द हो गई थी। उसकी भूख अब पैनी नहीं रह गई थी। जहाँ तक खाने की लालसा का सवाल था, उसकी इन्द्रियाँ मर चुकी थीं। उसे अपने पेट में एक धीमा, भारी-सा दर्द महसूस हो रहा था, लेकिन इससे ज्यादा परेशानी नहीं हो रही थी। अब वह पहले से ज्यादा तार्किक ढंग से सोच पा रहा था और एक बार फिर उसका ध्यान नन्ही छड़ियों की भूमि और डीज नदी के पास के गुप्त भण्डार पर था।

उसने एक कम्बल के बचे हुए हिस्से से और पट्टियाँ फाड़ीं और अपने लहूलुहान पैरों पर लपेट लीं। उसने घायल टखने को भी फिर से कसा और सफर के लिए तैयार हो गया। पिट्ठू के पास आकर वह देर तक बारहसिंगे के चमड़े की मोटी थैली को देखता रहा लेकिन आखिरकार उसे साथ ले लिया।

बारिश से बर्फ पिघल गई थी और सिर्फ पहाड़ियों की चोटियों पर सफेदी दिख रही थी। सूरज निकल आया और उसे दिशाओं का पता चल गया पर वह यह भी जान गया कि वह भटक गया है। शायद, पिछले दो दिनों में वह भटकते हुए कुछ ज्यादा ही बाईं ओर चला गया था। अब वह नाक की सीध में दाईं ओर चल पड़ा ताकि इस विचलन की भरपाई हो सके।

हालाँकि भूख अब उस तरह कचोट नहीं रही थी पर वह बहुत कमजोर महसूस कर रहा था। उसे अकसर सुस्ताने के लिए रुकना पड़ता था और रुकते ही वह मस्केग बेरियों और घास की गाँठों पर टूट पड़ता था। उसकी जुबान सूखी और बढ़ी हुई महसूस हो रही थी, मानो उस पर रोएँ उग आये हों, और उसका मुँह कड़वाहट से भरा था। उसका दिल भी उसे काफी परेशान कर रहा था। जैसे ही वह कुछ मिनट तक चलता था, वह जोर से धकधक करने लगता और फिर इस तरह उछलकर उसके मुँह को आ जाता कि उसे घुटन-सी होने लगती और उसका सिर चकराने लगता था। दोपहर के समय उसे पानी से भरे एक गड्ढे में दो नन्ही मछलियाँ दिखाई दीं। उसे खाली करना तो नामुमकिन था लेकिन अब वह पहले से ज्यादा शान्त था और अपनी टीन की बाल्टी में उन्हें पकड़ने में कामयाब रहा। वे उसकी छोटी उँगली से बड़ी नहीं थीं लेकिन वह ज्यादा भूखा नहीं था। उसके पेट का हल्का दर्द और भी हल्का और मन्द पड़ता जा रहा था। ऐसा लगता था मानो उसका पेट ऊँघ रहा हो। वह दोनों मछलियाँ कच्ची ही खा गया। वह बड़े ध्यान से धीरे-धीरे चबा रहा था क्योंकि इस समय खाना उसके लिए एक विशुद्ध बौद्धिक क्रिया थी। उसे खाने की कोई इच्छा नहीं थी, पर वह जानता था कि जिन्दा रहने के लिए उसे खाना होगा।

शाम को उसने तीन और मछलियाँ पकड़ीं, दो को खा लिया और तीसरी को नाश्ते के लिए रख लिया। धूप से काई कहीं-कहीं सूख गई थी और उसे एक बार फिर गर्म पानी मिल गया। उस दिन वह दस मील से ज्यादा नहीं तय कर पाया; और अगले दिन वह पाँच मील ही चल सका। वह तभी तक चल पाता था जब तक उसका कलेजा मुँह को नहीं आने लगता। लेकिन उसका पेट अब उसे जरा भी परेशान नहीं कर रहा था। वह सो चुका था। अब वह एक नये इलाके में पहुँच गया था जहाँ रेण्डियर ज्यादा थे, और साथ ही भेड़िये भी। अकसर उनकी चिल्लाहट वीराने में तैरती हुई उसके पास तक पहुँचती थी और एक बार उसने अपने रास्ते में तीन भेड़िये देखे थे जो उसे देखते ही वहाँ से खिसक गये।

एक और रात गुजरी, और सुबह उसका दिमाग पहले से ज्यादा साफ था। उसने बारहसिंगे के चमड़े की मोटी थैली का चमड़े का फीता खोल दिया। थैली से सोने के मोटे-मोटे कणों और ढेलों की पीली धारा जमीन पर बिखर गई। उसने सोने को दो हिस्सों में बाँटा, आधे को कम्बल के एक टुकड़े में लपेटकर एक अलग-सी दिख रही चट्टान के नीचे छुपाया और बाकी आधे को पिट्ठू में रख लिया। बचे हुए एक कम्बल से भी पट्टियाँ फाड़कर उसने पैरों पर लपेट लीं। वह अब भी अपनी बन्दूक लिये हुए था क्योंकि वहाँ डीज नदी के किनारे के भण्डार में कारतूस भी रखे थे। यह दिन कुहासेभरा था और एक बार फिर उसकी भूख जाग गई। वह बेहद कमजोर था और उसका सिर इस कदर चकरा रहा था कि कभी-कभी उसकी आँखों के आगे अँधेरा छा जाता था। अब वह अकसर ही ठोकर खाकर गिर पड़ता था; और एक बार वह सीधा भटतीतर के एक घोंसले पर गिर पड़ा। उसमें चार बच्चे थे—शायद एक दिन पहले ही जन्मे हुए। वह उन्हें जिन्दा ही चबा गया। उनकी माँ जोर से चीखते और पंख पटकते हुए उसके चारों ओर नाच रही थी। उसने अपनी बन्दूक के कुन्दे से उसे मार गिराने की कोशिश की, पर वह बच निकली। उसने उस पर पत्थर फेंके और तुक्के से एक पत्थर उसे लग गया जिससे उसका एक पंख टूट गया। फिर वह टूटा पंख घसीटते हुए वहाँ से भागी। आदमी उसके पीछे था।

चिड़िया के बच्चों से उसकी भूख और भड़क उठी थी। वह घायल टखने पर फुदकते और घिसटते हुए चिड़िया के पीछे लगा था। कभी वह गला फाड़कर चिल्लाते हुए उस पर पत्थर फेंकता था, तो कभी चुपचाप धीरज के साथ गिरते-पड़ते पीछा करता था। कई बार उसे कुछ सुझाई नहीं देता था और तब वह रुककर अपनी आँखों और माथे को मलता रहता था।

पीछा करते हुए वह घाटी के बीच में दलदली जमीन पर चला गया और उसे भीगी काई पर कदमों के निशान दिखाई दिये। वे उसके नहीं थे—यह तो साफ था। जरूर वे बिल के होंगे। लेकिन वह रुक नहीं सकता था, क्योंकि भटतीतर भागी जा

रही थी। पहले वह उसे पकड़ेगा, फिर लौटकर जाँच करेगा।

उसने भटतीतर को थका दिया, लेकिन वह खुद भी बेतरह थक गया। वह हाँफते हुए लुढ़की पड़ी थी, और दस कदम पर वह भी हाँफते हुए लुढ़का पड़ा था। उसमें इतनी भी ताकत नहीं थी कि रेंगकर चिड़िया के पास चला जाये। जब तक वह सँभला, तब तक चिड़िया भी सँभल गई और पंख फड़फड़ाते हुए उसके भूखे हाथ की पकड़ से निकल गई। शिकार फिर शुरू हो गया। रात घिर आई और वह बचकर भाग निकली। आदमी कमजोरी से लड़खड़ा गया और पीठ पर पिट्ठू लिये-दिये मुँह के बल गिर पड़ा। उसका गाल कट गया। काफी देर तक वह ऐसे ही पड़ा रहा; फिर करवट बदली, घड़ी में चाभी दी और सुबह तक वहीं लेटा रहा।

अगला दिन भी कुहासे से भरा था। उसके आखिरी कम्बल का आधा हिस्सा पैरों की पट्टियों की भेंट चढ़ चुका था। वह बिल के कदमों के निशान ढूँढ़ने में नाकाम रहा था। इससे कोई फर्क नहीं पड़ता था। उसकी भूख उसे इस कदर हाँक रही थी कि वह सोचने लगा कि शायद बिल भी रास्ता भटक गया था। दोपहर तक उसकी पीठ का बोझ असह्य हो उठा। एक बार फिर उसने सोने को दो हिस्सों में बाँटा, पर इस बार आधा हिस्सा यूँ ही जमीन पर गिरा दिया। दोपहर बाद उसने बाकी को भी फेंक दिया और अब उसके पास सिर्फ आधा कम्बल, टीन की बाल्टी और राइफल रह गई थी।

एक मतिभ्रम उसे परेशान करने लगा। उसे यकीन-सा होने लगा कि उसके पास एक कारतूस बचा हुआ है। उसे लगा कि वह राइफल के चैम्बर में पड़ा था लेकिन उसका ध्यान इस ओर नहीं गया। दूसरी ओर, वह जानता था कि चैम्बर खाली है। लेकिन मतिभ्रम बना रहा। वह घंटों तक इसे दूर करने की कोशिश करता रहा, फिर उसने राइफल खोल दी और चैम्बर खाली पाया। वह इस कदर हताश हुआ मानो उसे वाकई वहाँ कारतूस होने की उम्मीद थी।

वह भारी कदमों से आधे घंटे तक और चलता रहा। जब वह मतिभ्रम फिर से उस पर हावी हो गया, वह फिर उसे दिमाग से दूर करने की कोशिश करने लगा और आखिरकार उसने दिमाग को राहत देने के लिए राइफल खोल डाली। कई बार उसका दिमाग कहीं बहुत दूर चला जाता था और वह यंत्रवत् चलता रहता था; अजीबोगरीब सनकभरे खयाल कीड़ों की तरह उसके दिमाग में कुलबुलाते रहते थे। लेकिन वास्तविकता से बाहर की ये यात्राएँ संक्षिप्त होती थीं क्योंकि भूख की कचोट उसे वापस खींच लाती थी। एक बार जब वह ऐसी ही एक यात्रा पर था तो एक ऐसे दृश्य ने उसे यथार्थ में धक्का दिया कि वह गश खाते-खाते बचा। वह नशे में धुत व्यक्ति की तरह आगे-पीछे झूलता हुआ गिरने से बचने की कोशिश कर रहा था। उसके सामने एक घोड़ा खड़ा था। घोड़ा! उसे अपनी आँखों पर यकीन नहीं हुआ।

आँखों में घना कुहरा था जिसके बीच-बीच में रोशनी चुँधिया रही थी। उसने अपनी आँखें जोर से रगड़ीं और देखा कि घोड़ा नहीं, वह एक बड़ा-सा भूरा भालू है। जानवर उसे आक्रामक कुतूहल के साथ देख रहा था।

आदमी ने अपनी बन्दूक आधी उठाई, तभी उसे ध्यान आया कि वह खाली है। उसने बन्दूक नीचे कर ली और कमर पर बँधी म्यान से शिकारी चाकू निकाला। उसके सामने मांस और जीवन था। उसने चाकू की धार पर अँगूठा फिराया। वह तेज थी। नोक भी तेज थी। वह भालू पर झपटकर उसे मार डालेगा। लेकिन उसका दिल धक्-धक्-धक् की चेतावनी देने लगा; फिर सीने में जोरों से उछलने लगा। उसके माथे को जैसे लोहे के पट्टे ने जकड़ लिया और दिमाग चकराने लगा।

उसकी बदहवासी-भरी हिम्मत को डर के उबाल ने बेदखल कर दिया। अगर उस जानवर ने हमला कर दिया तो क्या होगा? वह जितना तन सकता था, तनकर खड़ा हो गया, चाकू को कसकर पकड़ लिया और भालू को घूरने लगा। भालू धीरे से दो कदम आगे बढ़ा, पिछली टाँगों पर खड़ा हो गया और हल्के से गुर्राया। अगर सामनेवाला भागेगा तो वह उसका पीछा करेगा; लेकिन आदमी दौड़ा नहीं। अब वह डर से उपजी हिम्मत से काम कर रहा था। वह भी गुर्राया, वहशियों की तरह, भयानक आवाज में; इनसान के भीतर गहराइयों में छिपे हर भय को स्वर देते हुए।

भालू डरावने ढंग से गुर्राते हुए एक ओर हट गया। वह खुद इस रहस्यमय प्राणी से आतंकित था जो सीधा खड़ा था और डर नहीं रहा था। लेकिन आदमी हिला नहीं। वह मूरत की तरह खड़ा रहा जब तक कि खतरा टल नहीं गया। फिर वह बुरी तरह काँपने लगा और गीली काई में बैठ गया।

उसने खुद को सँभाला और चल पड़ा। अब एक नया डर उस पर तारी हो रहा था। यह चुपचाप भूख से मर जाने का डर नहीं बल्कि यह डर था कि जीने की हर कोशिश भूख के आगे नाकाम होने से पहले ही कहीं उसे हिंसक तरीके से खत्म न कर दिया जाये। वहाँ भेड़िये भी थे। वीराने में सुनाई देती उनकी चीखों से हवा एक ऐसे डरावने कफन जैसी लगने लगती थी कि कई बार वह अनजाने ही दोनों हाथों से उसे पीछे धकेलने लगता था।

कभी-कभी दो-तीन की टोली में भेड़िये उसकी राह में मिलते थे। लेकिन वे उससे दूर ही रहते थे। एक तो वे पर्याप्त संख्या में नहीं होते थे, दूसरे वे रेण्डियर की ताक में थे जो लड़ते नहीं थे, जबकि सीधा चलनेवाला यह अजीब जानवर काट और खरोंच सकता था।

दोपहर बाद उसे बिखरी हुई हड्डियाँ दिखाई दीं। यह भेड़ियों का काम था। यह *मलबा* आधा घंटा पहले रेण्डियर का बच्चा था, उछलता-कूदता, किकियाता हुआ। उसने हड्डियों को गौर से देखा। वे चाटकर साफ की जा चुकी थीं; अभी वे सूखी नहीं

थीं और गुलाबी-सी दिख रही थीं। उनकी कोशिकाएँ अभी जिन्दा थीं। क्या पता, दिन खत्म होने से पहले उसका भी यही हश्र हो जाये! जिन्दगी ऐसी ही है, प्यारे! कोई भरोसा नहीं! दर्द तो जिन्दगी ही देती है। मौत में कोई तकलीफ नहीं होती। मरना ऐसे ही है जैसे सो जाना। इसका मतलब था विराम। पूरा आराम। फिर वह मरना क्यों नहीं चाहता था?

लेकिन वह ज्यादा देर तक नैतिक प्रश्नों में नहीं उलझा। वह काई में उकडूँ बैठा था और एक हड्डी को मुँह में लिये जीवन के उन रेशों को चूस रहा था जिनसे उसमें गुलाबी रंगत थी। उसे कुछ मीठा, मांस-जैसा स्वाद मिला; हल्का-सा, बस एक याद जैसा, और वह पागल हो उठा। उसने जबड़ों से जोर से चबाने की कोशिश की। कभी हड्डी टूटी, कभी उसके दाँत। फिर उसने हड्डियों को पत्थरों से कुचला, पीट-पीटकर उनका मलीदा-सा बनाया और निगल गया। हड़बड़ी में उसने अपनी उँगलियाँ भी कुचल लीं। बस एक पल के लिए उसका ध्यान इस ओर गया कि पत्थर के नीचे आने पर भी उसकी उँगलियों में दर्द नहीं हुआ।

बर्फ और बारिश के डरावने दिन आ गये थे। उसे पता नहीं चलता था कि कब वह रुकता था और कब चल पड़ता था। वह रात में भी उतना ही सफर करता था, जितना दिन में। वह जहाँ भी गिर पड़ता, वहीं सुस्ता लेता था और जब भी उसके भीतर मर रहे जीवन की लौ फड़फड़ाकर जल उठती, वह रेंगना शुरू कर देता था। वह इनसान के तौर पर कोशिश नहीं कर रहा था। यह तो उसके भीतर का जीवन था, जो मरने को तैयार नहीं था और उसे हाँके लिये जा रहा था। उसे कोई पीड़ा नहीं हो रही थी। उसके स्नायु भोथरे और सुन्न हो गये थे, और उसका दिमाग अजीबोगरीब मंजरों और लजीज सपनों से भरा हुआ था।

वह रेण्डियर की हड्डियों का बचा हुआ हिस्सा अपने साथ ले आया था और बीच-बीच में उन्हें चबाता और चूसता रहता था। अब वह पहाड़ियों या खड़ी चट्टानों को पार नहीं कर रहा था बल्कि यंत्रवत् एक चौड़ी धारा के साथ-साथ चल रहा था जो एक छिछली और विस्तृत घाटी से होकर बह रही थी। उसे न यह धारा दिख रही थी, और न ही घाटी। वह विचित्र दिवास्वप्नों के सिवा कुछ नहीं देख रहा था। उसकी आत्मा और शरीर साथ-साथ चल या रेंग रहे थे, पर वे एक-दूसरे से अलग भी थे। उन्हें जोड़नेवाला धागा बहुत बारीक रह गया था।

वह उठा तो दिमाग ठिकाने पर था। वह एक सपाट चट्टान पर चित लेटा हुआ था। सूरज गर्म और चमकदार किरणें बिखरे रहा था। दूर से उसे रेण्डियर के बच्चों के किकियाने की आवाज सुनाई दे रही थी। उसे बारिश और तेज हवा और बर्फ की धुँधली-सी याद थी, लेकिन उसे यह नहीं मालूम था कि वह दो दिनों तक तूफान के थपेड़े झेलता रहा है या दो हफ्तों तक।

कुछ देर तक वह बिना हिले-डुले पड़ा रहा। सुखद धूप उसके बेहाल शरीर को गर्माहट से भर रही थी। उसने सोचा, आज का दिन अच्छा है। शायद वह पता कर सकेगा कि वह कहाँ है। बड़ी तकलीफ के साथ उसने करवट बदली। नीचे एक चौड़ी नदी मन्थर गति से बह रही थी। वह एकदम अपरिचित थी जिससे वह उलझन में पड़ गया। उसने धीरे-धीरे इसके बहाव के साथ-साथ नजरें फिराईं। दूर तक नीची और उजाड़ पहाड़ियाँ थीं। ऐसी नीची और उजाड़ पहाड़ियाँ उसके रास्ते में अब तक नहीं आई थीं। धीरे-धीरे, कोशिश करके, बिना उत्तेजित हुए उसने नजरों को इस विचित्र धारा के साथ-साथ क्षितिज तक जाने दिया और देखा कि वह एक चमकदार, झिलमिलाते सागर में मिल रही है। वह अब भी उत्तेजित नहीं हुआ। उसने सोचा, यह एक अजीब सपना है, नजरों का धोखा है। उसके परेशान दिमाग का छलावाभर है। चमकते समुद्र के बीच में लंगर डाले एक जहाज को देखकर उसका खयाल और पुख्ता हो गया। उसने कुछ देर तक आँखें मूँद लीं, फिर खोलीं। अजीब बात थी! वह छलावा अब भी नजरों के सामने था। नहीं, इसमें कुछ अजीब नहीं था। वह जानता था कि उजाड़ इलाकों के बीच में कोई समुद्र या जहाज नहीं हो सकता, वैसे ही, जैसे उसे मालूम था कि खाली राइफल के चैम्बर में कोई कारतूस नहीं था।

उसने अपने पीछे एक आवाज सुनी—दबी-दबी सी खाँसी या छींक की आवाज। बेहद कमजोरी और जकड़न की वजह से उसने बहुत धीरे से दूसरी ओर करवट ली। उसे अपने करीब कुछ दिखाई नहीं दिया, लेकिन वह धीरज से इन्तजार करता रहा। खाँसी और सूँ-सूँ की आवाज फिर आई, और उसने करीब बीस फीट दूर, दो नुकीले पत्थरों के बीच एक भेड़िये का सिर देखा। उसके नुकीले कान उस तरह खड़े नहीं थे जैसे उसने दूसरे भेड़ियों के देखे थे; आँखें धुँधलाई और सुर्ख लाल थीं और सिर उदासी से ढुलका हुआ-सा था। जानवर बार-बार धूप में आँखें मिचमिचा रहा था। वह बीमार लग रहा था। आदमी को अपनी ओर देखता देखकर वह एक बार खाँसा और उसके नथुनों से सूँ-सूँ की आवाज आई।

उसने सोचा, कम-से-कम यह तो सच है, और फिर दूसरी ओर मुड़ा ताकि उस दुनिया की सच्चाई देख सके जिसे उस छलावे ने ढँक दिया था। लेकिन दूरी पर समुद्र अब भी झिलमिला रहा था और जहाज साफ पहचाना जा सकता था। क्या वाकई यह सच था? वह आँखें मूँदकर देर तक सोचता रहा, और फिर एकाएक उसे समझ आ गया। वह उत्तर-पूर्व की ओर चलता रहा था, डीज नदी से दूर कॉपरमाइन की घाटी में। यह चौड़ी और मन्थर नदी कॉपरमाइन थी। वह झिलमिलाता समुद्र आर्कटिक सागर था। वह जहाज व्हेल के शिकारियों का था जो मैकेंजी के मुहाने से पूरब, बहुत पूरब में चला आया था और कोरोनेशन खाड़ी में लंगर डाले खड़ा था। उसे बहुत पहले देखा हुआ हडसन बे कम्पनी का चार्ट याद हो आया, और अब उसे सब साफ-साफ

समझ आने लगा।

वह उठ बैठा और फौरी मामलों पर ध्यान दिया। कम्बलों की पट्टियाँ पूरी तरह घिस चुकी थीं और उसके पैर मांस के लोथड़े भर रह गये थे। उसका आखिरी कम्बल भी जा चुका था। राइफल और चाकू भी गायब थे। उसका टोप कहीं गिर गया था जिसके भीतर के फीते में माचिस की तीलियाँ थीं, लेकिन उसकी कमीज के अन्दर और तम्बाकू की थैली में मोमिया कागज में लिपटी तीलियाँ सुरक्षित थीं। उसने घड़ी पर नजर डाली। उसमें ग्यारह बजे थे, और वह अब भी चल रही थी। जाहिर है, वह इसमें चाभी भरता रहा था।

वह शान्त और स्थिरचित्त था। वह बेहद कमजोर हो गया था, पर उसे दर्द का जरा भी अहसास नहीं था। वह भूखा भी नहीं था। खाने का खयाल अब उसे अच्छा भी नहीं लगता था और वह जो कुछ भी करता था बस दिमाग के निर्देश पर। उसने अपनी पतलून घुटनों तक फाड़ डाली और उसे पैरों पर लपेट लिया। टीन की बाल्टी किसी तरह अब भी उसके पास बची रह गई थी। जहाज तक का सफर शुरू करने से पहले वह थोड़ा गर्म पानी पियेगा। वह जानता था कि यह एक भयानक सफर होगा।

उसकी हरकतें बहुत धीमी थीं। वह मिर्गी के दौरे की तरह काँपने लगा। जब उसने सूखी काई बटोरना शुरू किया तो उसने पाया कि वह अपने पाँवों पर खड़ा नहीं हो पा रहा है। एक बार वह बीमार भेड़िये के पास तक रेंगकर गया। जानवर घिसटकर उसके रास्ते से हट गया। उसने अपने जबड़ों पर मुश्किल से जुबान फिराई। आदमी ने देखा कि जुबान पर स्वास्थ्य की लाली नहीं थी। वह पीलापन लिये भूरे रंग की थी और उस पर आधे सूखे बलगम की परत चढ़ी थी।

करीब एक लीटर गर्म पानी पीने के बाद आदमी ने पाया कि वह खड़ा हो सकता है और उस तरह चल भी सकता है, जैसे किसी मरते आदमी से चलने की उम्मीद की जा सकती है। हर एकाध मिनट पर उसे सुस्ताने के लिए रुकना पड़ता था। उसके कदम कमजोर और अस्थिर थे, वैसे ही जैसे उसका पीछा कर रहे भेड़िये के कदम कमजोर और अस्थिर थे; और उस रात, जब झिलमिलाते समुद्र को अँधेरे ने ढँक लिया, तो उसने हिसाब लगाया कि दिनभर में उसकी दूरी बस चार मील कम हुई है।

सारी रात वह बीमार भेड़िये की खाँसी और बीच-बीच में रेण्डियर के बच्चों का किकियाना सुनता रहा। उसके चारों ओर जीवन था, लेकिन वह ताकत से भरपूर जीवन था, पूरी तरह जीवन्त और सक्रिय, जबकि वह जानता था कि बीमार भेड़िया बीमार आदमी के पीछे इसी उम्मीद में लगा हुआ था कि आदमी पहले मरेगा। सुबह, आँखें खोलने पर उसने भेड़िये को अपनी ओर लालसाभरी, भूखी नजर से घूरते देखा। वह एक भटके हुए बेचारे कुत्ते की तरह अपनी दुम टाँगों के बीच दबाये दुबका खड़ा

था। सुबह की सर्द हवा में वह काँप रहा था और जब भर्राई हुई फुसफुसाहट की आवाज में आदमी ने उससे कुछ कहा तो उसने बेजान तरीके से खींसें निपोर दीं।

खुली धूप थी और सारी सुबह वह आदमी उठता-गिरता झिलमिलाते समुद्र में खड़े जहाज की ओर चलता रहा। मौसम एकदम खुशगवार था। यह 'इण्डियन समर' (ध्रुवीय प्रदेश का कुछ ही दिन चलनेवाला गर्मियों का मौसम–अनु.) था। यह एक हफ्ते तक रह सकता था; या फिर हो सकता था कि कल, या उसके अगले दिन यह खत्म हो जाये।

दोपहर में आदमी को किसी और के पगचिह्न दिखाई दिये। यह किसी आदमी के थे जो चलकर नहीं बल्कि घुटनों के बल रेंगकर गया था। उसने सोचा कि ये बिल के पगचिह्न हो सकते हैं, पर उसे इसमें कोई दिलचस्पी नहीं महसूस हुई। उसे कोई उत्सुकता नहीं हुई। दरअसल, उसमें भावना और संवेदना मर चुकी थी। उसे अब पीड़ा की अनुभूति नहीं होती थी। उसका पेट और स्नायु सो चुके थे। पर उसके भीतर शेष जीवन उसे हाँके जा रहा था। वह थक चुका था पर उसके भीतर प्राण मरने को राजी नहीं था। वह मरने को राजी नहीं था, इसलिए वह अब भी मस्केग बेरियाँ और नन्ही मछलियाँ खाता था, गर्म पानी पीता था और बीमार भेड़िये पर सतर्क दृष्टि रखता था।

वह रेंगकर चलनेवाले दूसरे आदमी की लीक के पीछे चलता रहा और जल्दी ही वहाँ पहुँचा जहाँ यह खत्म हो गई थी–हाल ही में चबाई गई हड्डियों का एक ढेर, जिसके इर्द-गिर्द की गीली काई पर कई भेड़ियों के पंजों के निशान थे। उसने बारहसिंगे के चमड़े की एक मोटी थैली देखी, अपनी वाली जैसी ही। नुकीले दाँतों ने उसे फाड़ दिया था। उसने थैली को उठाया, हालाँकि उसका वजन उसकी कमजोर उँगलियों के लिए बहुत ज्यादा था। तो बिल इसे आखिर तक ले आया था। हा! हा! अब वह बिल पर हँस सकता था। आखिर जीत उसकी हुई। वह जिन्दा रहेगा और झिलमिलाते सभुद्र में खड़े जहाज तक इसे ले जायेगा। उसकी हँसी भयावह और कर्कश थी, कौवे की काँव-काँव जैसी, और बीमार भेड़िया भी उसके साथ कारुणिक स्वर में हुआने लगा। आदमी अचानक रुक गया। भला वह बिल से बदला कैसे ले सकता था, अगर बिल यह था; अगर ये गुलाबी-सफेद, सफाचट हड्डियाँ बिल थीं?

उसने मुँह घुमा लिया। ठीक है, बिल उसे मुसीबत में अकेला छोड़ गया था; पर वह इस सोने को नहीं लेगा, न ही बिल की हड्डियाँ चूसेगा। हालाँकि, अगर उसकी जगह बिल होता तो जरूर ऐसा करता; चलते-चलते उसके मन में यह खयाल उभरा। वह एक गड्ढे में भरे साफ पानी के पास पहुँचा। मछलियों की तलाश में झुकते ही उसने एकदम से सिर पीछे हटाया, जैसे डंक लगा हो। उसने पानी में अपनी परछाईं देख ली थी। वह चेहरा इतना भयानक था कि मरी हुई संवेदना भी पलभर के लिए चौंककर जाग गई। कुण्ड में तीन मछलियाँ थीं। उसे खाली करना नामुमकिन था और बाल्टी

से उन्हें पकड़ने की कई नाकाम कोशिशों के बाद उसने हार मान ली। उसे डर था कि कमजोरी की वजह से वह कहीं गड्ढे में गिरकर डूब न जाये। इसी डर से वह नदी के किनारे पड़े तमाम लकड़ी के कुन्दों में से किसी पर सवार होकर जाने की भी हिम्मत नहीं जुटा पा रहा था।

उस दिन उसने अपने और जहाज के बीच की दूरी तीन मील और कम की; और अगले दिन दो मील—क्योंकि अब वह बिल की तरह रेंग रहा था; और पाँचवाँ दिन खत्म हुआ तो जहाज अब भी सात मील दूर था और वह दिनभर में एक मील तय करने लायक भी नहीं रह गया था। लेकिन इण्डियन समर अब भी जारी था और वह रेंगते, फिर गश खाते, फिर रेंगते, फिर लुढ़कते हुए आगे बढ़ता रहा, और बीमार भेड़िया खाँसते और झींकते उसके पीछे लगा रहा। उसके घुटने भी पैरों की तरह मांस के लोथड़े बन गये थे, और हालाँकि उसने कमीज फाड़कर उन पर लपेट ली थी लेकिन रेंगते हुए वह पत्थरों और काई पर लाल लकीर छोड़ता जा रहा था। एक बार, उसने पीछे नजर घुमाई तो देखा कि भेड़िया उसके खून की लकीर को चाट रहा है, और उसे एकदम से अपना अन्त अपनी आँखों के सामने दिखाई दे गया। इससे बचने का एक ही तरीका था—कि वह खुद भेड़िये को खत्म कर दे। फिर जीवन की एक भयावह दुखान्तिकी शुरू हुई—एक रेंगता हुआ बीमार इनसान, एक लँगड़ाता हुआ बीमार भेड़िया, अपने मरते शवों को वीराने के पार घसीटकर ले जाते दो प्राणी जो एक-दूसरे की जान के प्यासे थे।

अगर वह कोई तगड़ा भेड़िया होता तो शायद उस आदमी को ज्यादा फर्क नहीं पड़ता; लेकिन उस घृणित और लगभग मृत चीज के पेट में समाने का विचार ही वितृष्णा पैदा कर रहा था। उसका मन फिर भटकने और विचित्र दिवास्वप्नों में खोने लगा था जबकि ऐसे दौर लगातार छोटे होते जा रहे थे जब वह साफ-साफ सोच सकता था।

एक बार उसकी बेहोशी कान के पास सिसकारी की आवाज से टूटी। भेड़िया उछलकर पीछे हटा और कमजोरी की वजह से लड़खड़ाकर गिर गया। यह दृश्य मजाकिया था पर उसे मजा नहीं आया। उसे डर भी नहीं लगा। वह इस सबसे परे जा चुका था। लेकिन कुछ देर के लिए उसका दिमाग साफ हो गया और वह लेटे-लेटे सोचने लगा। जहाज अब चार मील से ज्यादा दूर नहीं था। आँखों को रगड़कर कुहासा छाँट देने के बाद वह उसे साफ देख सकता था और झिलमिलाते समुद्र के पानी पर चलती एक छोटी नाव का सफेद पाल भी उसे दिख रहा था। लेकिन वह चार मील तक कभी रेंग नहीं पायेगा। वह यह बात जानता था कि वह आधा मील भी नहीं रेंग सकता था। पर फिर भी वह जीना चाहता था। यह ठीक नहीं था कि इतना सब कुछ सहने के बाद वह मर जाये। किस्मत उससे बहुत ज्यादा तकाजा कर रही थी।

और, मरते हुए भी, उसने मरने से इनकार कर दिया। शायद यह निरा पागलपन था, लेकिन मौत के पंजे में जकड़े हुए भी उसने मौत को धता बता दी और मरना नामंजूर कर दिया।

उसने आँखें बन्द कर लीं और भरपूर सावधानी से ध्यान केन्द्रित कर लिया। उसने जी कड़ा कर लिया और उस दमघोंटू शिथिलता को खुद पर हावी नहीं होने दिया जो उसके पूरे बदन में ज्वार की तरह उठ रही थी। यह घातक शिथिलता समुद्र जैसी ही थी, जो धीरे-धीरे उसकी चेतना को डुबो देना चाहती थी। कभी-कभी वह लगभग डूब ही जाता था; पर विस्मृति के सागर में हाथ-पैर फेंकते हुए अचानक आत्मा की किसी अजीब कीमियागीरी की बदौलत इच्छाशक्ति का कोई तिनका उसके हाथ लग जाता था और वह सधे ढंग से हाथ चलाने लगता था।

वह बिना हिले-डुले चित लेटा रहा। वह बीमार भेड़िये की साँसों की घरघराहट को पास आता सुन सकता था। वह पास आया, और पास; इतना धीरे-धीरे कि उसे लगा, समय बीत ही नहीं रहा है।

आदमी ने कोई हरकत नहीं की। भेड़िये की साँसें अब उसके कान पर थीं। खुरदुरी, सूखी जुबान ने रेगमाल की तरह उसके गाल को रगड़ा। उसके हाथ गोली की तरह झपटे—कम-से-कम उसने चाहा कि वे गोली की तरह झपटें। उसकी उँगलियाँ नुकीले पंजों की तरह मुड़ी हुई थीं, लेकिन वे हवा पकड़कर रह गईं। फुर्ती और सटीकपन के लिए ताकत चाहिए थी, पर आदमी में इतनी ताकत नहीं थी।

भेड़िये में गजब का धीरज था। आदमी का धीरज भी कम नहीं था। आधे दिन तक वह बेहरकत पड़ा रहा, बेहोशी से लड़ते और उस चीज का इन्तजार करते हुए जो उसका शिकार करना चाहती थी और वह खुद जिसका शिकार करना चाहता था। कभी-कभी वह शान्त समुद्र उस पर हावी हो जाता और वह लम्बे सपनों में डूब जाता, लेकिन इस सबके बीच वह उस घुरघुराती साँस और खुरदुरी जुबान की छुअन का इन्तजार करता रहा।

उसने साँस की आवाज नहीं सुनी और हाथ पर जुबान के स्पर्श से वह एक स्वप्न से धीरे-धीरे जागा। वह इन्तजार करता रहा। भेड़िये के दाँत उसके हाथ पर धीरे से गड़े; दबाव बढ़ने लगा; भेड़िया उस भोजन में दाँत गड़ाने के लिए अपनी सारी ताकत लगा रहा था, जिसके लिए उसने इतना लम्बा इन्तजार किया था। लेकिन आदमी काफी इन्तजार कर चुका था और छिदे हुए हाथ ने जबड़ा पकड़ लिया। धीरे से। भेड़िया छुड़ाने की कमजोर कोशिश कर रहा था और आदमी की पकड़ भी कमजोर थी। फिर उसके दूसरे हाथ ने भी आकर जबड़े को पकड़ लिया। पाँच मिनट बाद आदमी के शरीर का पूरा वजन भेड़िये के ऊपर था। हाथों में इतनी ताकत नहीं थी कि भेड़िये का गला घोंट सकें, लेकिन आदमी का चेहरा भेड़िये की गर्दन के पास था

और उसका मुँह बालों से भरा था। आधे घंटे बाद आदमी को अपने गले में एक गर्म धार का अहसास हुआ। यह सुखद नहीं था। यह ऐसा था जैसे उसके पेट में जबर्दस्ती पिघला सीसा धकेला जा रहा हो, और सिर्फ उसकी इच्छाशक्ति ही थी जो इसे धकेल रही थी। इसके बाद आदमी लुढ़ककर पीठ के बल लेटा और सो गया।

व्हेल का शिकार करनेवाले जहाज *बेडफोर्ड* पर एक वैज्ञानिक अभियान दल के कुछ सदस्य भी थे। जहाज के डेक से उन्होंने तट पर एक अजीब-सी चीज देखी। वह रेतीले तट को पार करती हुई पानी की ओर आ रही थी। वे इसका वर्गीकरण नहीं कर पा रहे थे, और चूँकि वे वैज्ञानिक लोग थे, इसलिए उसे देखने के लिए जहाज के साथ लगी व्हेल-बोट में सवार होकर तट पर गये। उन्होंने एक ऐसी चीज देखी जो जिन्दा थी पर जिसे इनसान कहना मुश्किल था। वह दृष्टिहीन थी, और चेतनाविहीन भी। वह किसी विशाल कीड़े की तरह जमीन पर रेंगती हुई चल रही थी। उसकी ज्यादातर कोशिशें निष्प्रभावी थीं, लेकिन वह अनवरत ऐंठते, बल खाते हुए शायद बीस फीट प्रति घंटे की रफ्तार से आगे ही बढ़ रही थी।

इसके तीन हफ्ते बाद वह आदमी *बेडफोर्ड* के एक केबिन में लेटा था। उसके सूखे गालों पर आँसू ढुलक रहे थे और वह बता रहा था कि वह कौन है और उस पर क्या बीती है। वह अपनी माँ, धूपभरे दक्षिणी कैलिफोर्निया और सन्तरे के बगीचों और फूलों से घिरे एक घर के बारे में भी बहकी-बहकी बातें कर रहा था।

इसके कुछ दिन बाद वह वैज्ञानिकों और जहाज के अफसरों के साथ खाने की मेज पर बैठा था। इतने सारे खाने को देखकर उसकी आँखें फटी पड़ रही थीं और इसे औरों के मुँह में जाते देखकर वह बेचैन हो रहा था। हर निवाले के मुँह में जाते ही उसकी आँखों में गहरे पछतावे का भाव आ जाता था। उसका दिमाग एकदम दुरुस्त था, फिर भी खाने के समय वह उन लोगों से नफरत करता था। उसे यह डर सताता रहता था कि यह खाना खत्म हो जायेगा। वह खाने के भण्डार के बारे में केबिन ब्वॉय और रसोइये से लेकर जहाज के कैप्टन तक से पूछता रहता था। वे अनगिनत बार उसे आश्वस्त कर चुके थे, पर वह उन पर यकीन नहीं करता था, और खुद अपनी आँखों से देखने के लिए भण्डारखाने में चुपचाप जाकर छानबीन करता रहता था।

लोगों ने देखा कि वह आदमी मोटा हो रहा है। हर बीतते दिन के साथ उसका मोटापा बढ़ता जा रहा था। वैज्ञानिक अचरज से सिर हिलाते और तरह-तरह के

सिद्धान्त पेश करते थे। उन्होंने उसका खाना कम कर दिया, फिर भी उसका पेट निकलता ही गया।

जहाजी यह सब देखकर हँसते थे। वे इसका राज जानते थे। और जब वैज्ञानिकों ने आदमी पर नजर रखनी शुरू की तो वे भी जान गये। उन्होंने देखा कि नाश्ते के बाद वह अपनी बेढंगी चाल से किसी जहाजी के पास जाता था और भिखारी की तरह उसके सामने हाथ फैला देता था। जहाजी हँसते हुए उसे बिस्कुट का एक टुकड़ा पकड़ा देता था। वह लालची निगाह से उसे देखता था, जैसे कोई कंजूस सोने को देखता है, और फिर उसे अपनी कमीज के अन्दर डाल लेता था। दूसरे जहाजी भी हँसते हुए ऐसा दान करते रहते थे।

वैज्ञानिक समझदार थे। उन्होंने उसे अकेला छोड़ दिया। लेकिन उन्होंने चुपके से उसका बिस्तर देखा। उसके किनारे-किनारे सख्त जहाजी बिस्कुट की ढेरियाँ थीं। उसके गद्दे में बिस्कुट भरा था; हर कोना-अँतरा बिस्कुट से भरा था। फिर भी उसका दिमाग एकदम दुरुस्त था। वह किसी और सम्भावित संकट से बचाव के उपाय कर रहा था—बस, इतनी सी बात थी। वैज्ञानिकों ने कहा कि वह इससे उबर जायेगा; और सैन फ्रांसिस्को की खाड़ी में *बेडफोर्ड* के लंगर डालने से पहले वह उबर गया।

आग

दिन की शुरुआत टण्डी और धूसर थी, बेहद ठण्डी और धूसर, जब वह आदमी युकोन के मुख्य रास्ते से मुड़ा और मिट्टी के उस ऊँचे कगार पर चढ़ा जहाँ से एक धुँधली और कम इस्तेमाल होनेवाली पगडण्डी घनी झाड़ियों से होती हुई पूरब की ओर जाती थी। यह एक खड़ा कगार था और ऊपर पहुँचकर वह दम लेने के लिए रुका। रुकने को खुद अपनी नजर में जायज ठहराने के लिए वह घड़ी देखने लगा। नौ बज रहे थे। आसमान में बादल का एक कतरा भी नहीं था पर सूरज का नामोनिशान नहीं दिख रहा था। दिन साफ था, फिर भी लगता था जैसे हर चीज पर अगोचर-सा पर्दा पड़ा हुआ है, एक हल्की-सी धुंध छाई हुई थी जिसने दिन को अँधेरा-अँधेरा कर रखा था। ऐसा सूरज की अनुपस्थिति के कारण था। वह आदमी इससे चिन्तित नहीं हुआ। उसे सूरज के गायब रहने की आदत हो गई थी। सूरज को देखे हुए उसे कई दिन हो गये थे और वह जानता था कि अभी कुछ और दिन ऐसे ही बीतेंगे तब कहीं जाकर वह खुशनुमा गोला दक्षिणायन से अचानक क्षितिज के ऊपर झाँकेगा और फौरन ही आँख से ओझल हो जायेगा।

उस आदमी ने मुड़कर उस रास्ते पर नजर डाली जिधर से वह आया था। मील भर चौड़ी युकोन नदी बर्फ की तीन फीट मोटी चादर के नीचे छुपी हुई थी। इस जमी हुई बर्फ के ऊपर कम-से-कम तीन फीट ताजा बर्फ पड़ी थी। यह सब एकदम शुद्ध सफेद था, और जहाँ-जहाँ जमी हुई बर्फ उभरी हुई थी वहाँ हवा से हल्की तरंगें-सी दिख रही थीं। उत्तर से दक्षिण तक, जहाँ तक उसकी नजर जा रही थी, एक अटूट सफेदी पसरी हुई थी; बस एक काली, बाल-जैसी रेखा फर के पेड़ों से ढँके टापू से शुरू होती थी और बल खाती हुई दूर उत्तर की ओर चली गई थी जहाँ वह फर के पेड़ों से ढँके एक और टापू के पीछे गुम हो जा रही थी। यह काली रेखा पगडण्डी थी—मुख्य पगडण्डी—जो दक्षिण में पाँच सौ मील दूर चिलकूट पास, दाइया और साल्टवाटर तक जाती थी और उत्तर में सत्तर मील दूर डॉसन, फिर हजार मील दूर नुलाटो और फिर डेढ़ हजार मील उत्तर में बेरिंग सागर पर सेण्ट माइकल तक पहुँचती थी।

लेकिन यह सब—रहस्यमय, दूर तक जाती पतली-सी पगडण्डी, आसमान में सूरज

की गैरमौजूदगी, भयंकर ठण्ड और चारों ओर व्याप्त विचित्रता और अद्भुतपन–उस आदमी पर कोई असर नहीं डाल रहे थे। ऐसा इसलिए नहीं था कि उसे इस सबकी लम्बे समय से आदत हो गई थी। वह इस इलाके में नवागन्तुक था, जिसे यहाँ *चेचाको* कहते थे, और यह उसका पहला जाड़ा था। उसके साथ दिक्कत यह थी कि वह कल्पनाविहीन था। जीवन की जरूरी चीजों के मामले में वह सतर्क और फुर्तीला था, लेकिन बस चीजों के मामले में, उनकी अहमियत को समझने में नहीं। शून्य से पचास डिग्री से नीचे का मतलब था हिम की करीब अस्सी डिग्री। ऐसे तथ्य का उसके लिए एक ही मतलब था, कि ठण्ड और कष्ट बढ़ेंगे–बस, और कुछ नहीं। यह उसे समशीतोष्ण प्राणी के रूप में अपनी दुर्बलता, या गर्मी और ठण्ड की कुछ संकीर्ण सीमाओं के भीतर ही जी सकने की मनुष्य मात्र की दुर्बलता के बारे में सोचने को प्रेरित नहीं करता था; नश्वरता-अनश्वरता और ब्रह्माण्ड में मनुष्य की स्थिति जैसी बातों पर चिन्तन करने का तो सवाल ही नहीं था। शून्य से पचास डिग्री नीचे का मतलब था तकलीफदेह पाले की चुभन जिससे बचने के लिए दस्ताने, कान ढँकनेवाली टोपी, चमड़े के गर्म जूते और मोटी जुराबें जरूरी थीं। शून्य से पचास डिग्री नीचे का मतलब उसके लिए बस शून्य से पचास डिग्री नीचे था। उसके दिमाग में यह खयाल भी नहीं आता था कि इसमें कोई और भी बात हो सकती है।

मुड़कर चलते हुए उसने अनुमान लगाने के लिए थूका। तेज, धमाकेदार चटाख की आवाज हुई जिससे वह चौंक पड़ा। उसने फिर थूका। इस बार भी, बर्फ पर गिरने से पहले, हवा में ही थूक कड़कड़ा गया। वह जानता था कि पचास डिग्री नीचे की ठण्ड में बर्फ पर गिरते ही थूक कड़कड़ा जाता था, लेकिन यह थूक तो हवा में ही जमकर चटख गया था। बिला शक, तापमान पचास डिग्री से ज्यादा नीचे था–कितना नीचे, यह कहना मुश्किल था। लेकिन तापमान से कोई फर्क नहीं पड़ता था। वह हेण्डरसन क्रीक की बाईं उपधारा के किनारे की पुरानी खदान की ओर जा रहा था जहाँ उसके साथी पहले से मौजूद थे। वे इण्डियन क्रीक के इलाके से जमी हुई नदी को पार करके आये थे, जबकि वह घूमकर दूसरे रास्ते से आया था ताकि बसन्त में युकोन के टापुओं से लकड़ी के कुन्दे निकालने की सम्भावना का पता लगा सके। यह सही था कि शिविर में वह छः बजे तक, यानी अँधेरा हो जाने के कुछ देर बाद पहुँचेगा, लेकिन बाकी सब वहाँ होंगे, आग जल रही होगी और गर्मागर्म खाना तैयार मिलेगा। दिन के खाने की बात सोचकर उसका हाथ जैकेट के नीचे से उभरी पोटली पर चला गया। रूमाल में लिपटी पोटली उसकी कमीज के अन्दर थी, नंगी चमड़ी से सटी हुई। बिस्कुटों को जम जाने से बचाने का यही एक तरीका था। इन बिस्कुटों के खयाल पर वह मन-ही-मन मुस्कुरा उठा–हर बिस्कुट बेकन ग्रीज़ में लिपटा हुआ था और बीच से चीरकर उसमें तले बेकन का कतला रखा था।

वह बड़े फर वृक्षों के बीच से घुसकर चल पड़ा। रास्ता धुँधला-सा पता चल रहा था। आखिरी स्लेज गाड़ी के गुजरने के बाद से एक फुट बर्फ गिर चुकी थी और वह खुश था कि वह बिना स्लेज के आया था, कोई वजनी सामान नहीं था उसके पास; बल्कि रूमाल में लिपटे खाने के सिवा उसके पास कुछ भी नहीं था। लेकिन ठण्ड से उसे हैरत हो रही थी। सुन्न हुई नाक और गालों की हड्डियों को दस्ताना चढ़े हाथों से मलते हुए वह इस नतीजे पर पहुँचा कि ठण्ड कुछ ज्यादा ही है। उसके घने गुलमुच्छे थे लेकिन चेहरे के बाल गालों की उभरी हुई हड्डियों और पाले से सर्द हवा में उद्धत ढंग से आगे निकली नाक का बचाव नहीं कर सकते थे।

आदमी के पीछे-पीछे एक बड़ा-सा हस्की नस्ल का कुत्ता चल रहा था। वह एक असल भेड़िया-कुत्ता था। उसकी खाल धूसर रंग की थी और बनावट या मिजाज में वह अपने भाई, जंगली भेड़िये से अलग नहीं लगता था। जबर्दस्त ठण्ड से वह जानवर परेशान और खिन्न था। वह जानता था कि यह समय सफर करने का नहीं है। उसकी मूलवृत्तियाँ उसे आदमी के अनुमान के मुकाबले ज्यादा सटीक जानकारी दे रही थीं। दरअसल ठण्ड शून्य से पचास डिग्री नीचे ही नहीं थी; यह साठ डिग्री से भी ज्यादा, सत्तर से भी ज्यादा नीचे थी। ठण्ड शून्य से पचहत्तर डिग्री नीचे थी। हिमांक शून्य से बत्तीस डिग्री ऊपर होता है तो इसका मतलब था कि हिम की 107 डिग्री मौजूद थी। कुत्ते को थर्मामीटरों के बारे में कुछ नहीं मालूम था। शायद उसके मस्तिष्क में अत्यधिक ठण्ड की स्थिति की वैसी स्पष्ट चेतना नहीं थी जैसी उस आदमी के मस्तिष्क में थी। लेकिन उस पशु के पास अपनी मूलवृत्ति थी। उसे एक अस्पष्ट लेकिन डरावनी आशंका का अनुभव हो रहा था जो उस पर हावी हो गई थी और जिसकी वजह से वह चुपचाप आदमी के पीछे-पीछे चला जा रहा था। इस आशंका के कारण वह उस आदमी की हर अनभ्यस्त हरकत पर उत्सुक प्रश्नाकुल निगाहों से देखता था मानो उम्मीद कर रहा हो कि वह खेमा गाड़ेगा या फिर कहीं आसरा लेकर आग जलायेगा। कुत्ता आग से परिचित था और वह इस समय आग चाहता था, या फिर बर्फ में गड्ढा खोदकर गुड़ी-मुड़ी होकर अपने शरीर की गर्मी को सर्द हवा से बचाना चाहता था।

उसकी साँस की नमी उसकी रोएंदार खाल पर बर्फ के महीन चूरे की तरह जम गई थी, खासकर उसके जबड़े, थूथन और बरौनियाँ उसकी जमी हुई साँसों से सफेद हो गई थीं। उस आदमी की लाल दाढ़ी और मूँछें भी ऐसे ही बर्फ से ढँकी थीं लेकिन वह ज्यादा ठोस जम गई थीं। हर गर्म, नम साँस के साथ जमी हुई बर्फ बढ़ती जाती थी। इसके अलावा वह आदमी तम्बाकू चबा रहा था और बर्फ का जाबा उसके होंठों को इतना कसकर जकड़े हुए था कि जब भी वह तम्बाकू का रस थूकने की कोशिश करता, वह उसकी ठोड़ी से आगे नहीं जा पाता था। नतीजा यह था कि उसकी ठोड़ी

पर ऐम्बर का रंग और ठोसपन लिए हुए एक क्रिस्टल जैसी दाढ़ी बढ़ती जा रही थी। अगर वह गिर पड़े तो यह दाढ़ी टूटकर काँच की तरह छोटी-छोटी किरिचों में बिखर जायेगी। लेकिन उसे इस लटकन से परेशानी नहीं थी। इस इलाके में तम्बाकू चबानेवाले को यह सजा तो भुगतनी ही पड़ती थी, और वह पहले भी दो बार इसी तरह अचानक बढ़ी ठण्ड में बाहर रह चुका था। वह जानता था कि उन मौकों पर ऐसी ठण्ड नहीं थी, लेकिन सिक्स्टी माइल में लगे स्पिरिट थर्मामीटर में एक बार पचास डिग्री नीचे और एक बार पचपन डिग्री नीचे दर्ज किया गया था।

वह कई मील तक जंगल के बीच से गुजरता रहा, ठिंगनी काली झाड़ियों से भरा एक चौड़ा मैदान पार किया और कगार से नीचे उतरकर एक नाले की जमी हुई सतह पर चलने लगा। यह हेण्डरसन क्रीक थी, और वह जान गया कि यह जगह वहाँ से दस मील दूर है जहाँ से इसकी उपधाराएँ शुरू होती थीं। उसने घड़ी देखी। दस बज रहे थे। वह एक घंटे में चार मील तय कर रहा था और उसने हिसाब लगाया कि उपधाराओं तक वह साढ़े बारह बजे पहुँच जायेगा। उसने तय किया कि इस मौके का जश्न वह वहीं पर खाना खाकर मनायेगा।

कुत्ता फिर उसके पीछे-पीछे चल पड़ा लेकिन उसकी नीचे गिरी हुई पूँछ उसकी हताशा का पता दे रही थी। स्लेज गाड़ियों के चलने से बनी लीक का पता तो चल रहा था लेकिन आखिरी गाड़ी के निशान बारह-तेरह इंच बर्फ से ढँक चुके थे। एक महीने में कोई भी आदमी उस खामोश क्रीक से आया-गया नहीं था। वह आदमी सधी रफ्तार से चलता रहा। यूँ भी वह ज्यादा सोचनेवाला व्यक्ति नहीं था और खासकर इस समय उसके पास सोचने के लिए इसके सिवा कुछ नहीं था कि वह उपधाराओं के पास खाना खायेगा और छः बजे वह शिविर में बाकी बन्दों के साथ होगा। बातें करने के लिए कोई था नहीं; और अगर होता तो भी मुँह पर लगे बर्फ के जाबे की वजह से बोलना नामुमकिन ही होता। इसलिए वह एकरस ढंग से तम्बाकू चबाता रहा और अपनी ऐम्बर के रंग की दाढ़ी को लम्बा करता रहा।

बीच में यह खयाल अपने को दोहराता था कि ठण्ड बहुत अधिक है और उसे पहले कभी ऐसी ठण्ड का अनुभव नहीं हुआ है। चलते-चलते वह दस्ताने चढ़े हाथ के पिछले हिस्से से गालों की हड्डियों और नाक को रगड़ता था। उसका कभी दायां तो कभी बायां हाथ अपने आप ही चेहरे पर चला जाता था। लेकिन वह चाहे जितना रगड़े, हाथ रोकते ही उसके गालों की हड्डियाँ सुन हो जाती थीं और अगले ही पल उसकी नाक का सिरा सुन्न हो जाता था। यह तो तय था कि उसके गालों को पाला मार जायेगा; वह यह बात जानता था, और उसे यह सोचकर पछतावा हुआ कि उसने नाक पर बाँधनेवाली पट्टी नहीं बनाई। बड तो ऐसी ठण्ड में इस पट्टी के बिना नहीं निकलता था। यह पट्टी गालों से होकर गुजरती थी और उनका भी बचाव करती थी।

लेकिन इससे कुछ खास फर्क नहीं पड़ता था। पाला खाये गालों से क्या होना था? बस, जरा तकलीफ होती; इनसे कोई गम्भीर नुकसान नहीं होना था।

आदमी का दिमाग विचारों से खाली था, पर उसकी आँखें चौकन्नी थीं और वह क्रीक में आनेवाले हर बदलाव पर ध्यान दे रहा था। हर मोड़ और घुमाव और फँसी हुई लकड़ियों के ढेरों को वह गौर से देखता और हर कदम देख-देखकर रखता था। एक बार, एक मोड़ से घूमते ही वह अचानक चौंके हुए घोड़े की तरह बचकर किनारे हटा और कई कदम पीछे चला गया। वह जानता था कि यह नाला सीधे तलहटी तक जमा हुआ है—आर्कटिक की इस सर्दी में किसी नाले में पानी नहीं रह सकता—लेकिन उसे यह भी मालूम था कि पहाड़ियों से निकलनेवाले कई सोते ताजा गिरी बर्फ के नीचे से नाले की जमी हुई सतह के ऊपर बहते रहते हैं। वह जानता था कि सबसे भीषण ठण्ड के दिनों में भी ये सोते नहीं जमते हैं और वह इनके खतरों से वाकिफ था। ये खतरनाक फन्दे थे। इनकी वजह से पोली बर्फ के नीचे पानी के कुण्ड बन जाते थे जो तीन इंच से लेकर तीन फीट तक गहरे हो सकते थे। कभी-कभी आधा इंच मोटी जमी बर्फ की पपड़ी उन्हें ढँके रहती थी जिसके ऊपर ताजा बर्फ होती थी। कभी-कभी एक के बाद एक पानी और बर्फीली पपड़ी की कई परतें होती थीं, जिसके चलते जब कोई इसमें धँसता था तो कुछ देर तक धँसता चला जाता था, कभी-कभी तो वह कमर तक भीग जाता था।

इसीलिए वह इस कदर घबराकर पीछे भागा था। उसे अपने पैर के नीचे धसक महसूस हुई थी और बर्फीली पपड़ी के चटखने की आवाज सुनाई पड़ी थी। इस तापमान पर पैर गीले करने का मतलब था गहरी मुश्किल और खतरा। सबसे कम नुकसान का मतलब था घंटे भर की देरी क्योंकि उसे रुककर आग जलानी पड़ती और उसकी गर्माहट में पैरों से जुराबें और जूते उतारकर सुखाने पड़ते। उसने रुककर नाले की सतह और उसकी कगारों का गौर से मुआइना किया और फिर तय पाया कि पानी का बहाव बाईं ओर से आ रहा है। नाक और गालों को मलते हुए वह कुछ देर सोच में डूबा रहा, फिर फूँक-फूँककर कदम रखते हुए घूमकर बाईं ओर चला गया। खतरे से बाहर हो जाने पर उसने नया तम्बाकू मुँह में डाला और चार मील फी घंटे की चाल से आगे चल दिया। अगले दो घंटों के दौरान उसे ऐसे कई फन्दे मिले। आम तौर पर छुपे हुए जलकुण्डों के ऊपर की बर्फ जरा धँसी हुई और चमकदार होती थी जिससे खतरे का संकेत मिल जाता था। फिर भी, एक बार और वह बाल-बाल बचा; और एक बार, खतरा सूँघकर उसने कुत्ते को आगे जाने के लिए मजबूर किया। कुत्ता जाना नहीं चाहता था। वह पीछे ही रुका रहा लेकिन आदमी ने उसे जोर से धक्का दिया तो वह जल्दी से सफेद, सपाट सतह पर भागा। अचानक उसके पैर धँसे, वह एक ओर झुका हुआ लड़खड़ाया और फिर किनारे, सुरक्षित स्थान पर निकल गया। उसके

अगले पंजे और पैर भीग गये थे और फौरन ही उन पर चिपका पानी जमकर सख्त बर्फ में बदल गया। उसने जल्दी-जल्दी अपने पैरों से बर्फ चाटने की कोशिश की और फिर बर्फ पर गिरकर पंजों के बीच जमी बर्फ को मुँह से निकालने लगा। यह उसकी नैसर्गिक वृत्ति का मामला था। बर्फ को जमे रहने देने का मतलब था पंजों में तकलीफदेह सूजन। वह इस बात को नहीं जानता था। वह तो बस अपने भीतर कहीं गहरे से आ रहे रहस्यमय सन्देशों का पालन कर रहा था। लेकिन आदमी यह जानता था क्योंकि उसे इस मामले में दूसरों की राय मिल चुकी थी। उसने दस्ताना उतारा और बर्फ के कणों को उँगलियों से बाहर निकाल दिया। उसकी उँगलियाँ मुश्किल से एक मिनट तक खुली थीं पर वे जिस तेजी से सुन्न हुईं, उससे वह भौचक रह गया। वाकई बेहद ठण्ड थी। उसने हड़बड़ाकर दस्ताना वापस चढ़ाया और वहशियों की तरह अपने हाथ को छाती पर जोर-जोर से मारने लगा।

बारह बजे दिन एकदम चमकदार था। लेकिन सूरज सर्दियों की अपनी यात्रा पर इतना दक्षिणायन था कि क्षितिज से ऊपर नहीं आ सकता था। पृथ्वी का उभार उसके और हेण्डरसन क्रीक के बीच आता था जहाँ वह आदमी मध्याह्न के समय स्वच्छ आकाश के नीचे चल रहा था, बिना परछाईं छोड़े। ठीक साढ़े बारह बजे वह उस जगह पहुँच गया जहाँ से नाला कई उपधाराओं में बँट गया था। अपनी रफ्तार से वह खुश था। अगर वह ऐसे ही चलता रहा तो छः बजे तक उन लोगों के पास जरूर पहुँच जायेगा। उसने जैकेट और कमीज के बटन खोले और अपना खाना बाहर निकाला। इस काम में बस चौथाई मिनट लगा होगा, पर इस जरा-से पल में ही उसकी खुली उँगलियाँ सुन्न होने लगी थीं। उसने दस्ताना वापस नहीं चढ़ाया बल्कि उँगलियों को दस-बारह बार जोर से अपने पैर से टकराया। फिर वह खाने के लिए बर्फ से ढँके एक कुन्दे पर बैठ गया। उँगलियों को पैर पर मारने से उनमें आया खून का प्रवाह इतनी जल्दी रुक गया कि वह चौंक पड़ा। उसे बिस्कुट का एक निवाला लेने का भी मौका नहीं मिला था। उसने बार-बार उँगलियाँ पैर पर पटकीं और फिर उन पर दस्ताना चढ़ाकर खाने के लिए दूसरा हाथ बाहर निकाला। उसने बिस्कुट मुँह में डालने की कोशिश की लेकिन बर्फ का जाबा आड़े आ गया। वह आग जलाकर बदन पर जमी बर्फ पिघलाना भूल गया था। अपनी मूर्खता पर वह मन-ही-मन हँसा लेकिन हँसते हुए भी उसका ध्यान इस ओर गया कि उसकी खुली उँगलियाँ सुन्न हुई जा रही हैं। उसने यह भी ध्यान दिया कि बैठने पर उसके पंजों में खून की जो तेजी महसूस हुई थी, वह खत्म हो रही है। उसे शक हुआ कि पंजे अभी गर्म हैं या सुन्न पड़ गये। जूतों के भीतर उसने पंजों को हिलाने-डुलाने की कोशिश की और पाया कि वे सुन्न हो चुके हैं।

उसने जल्दी से दस्ताना चढ़ाया और उठ गया। वह थोड़ा डर गया था। जोर से

पैर पटकते हुए वह तब तक इधर-उधर चलता रहा जब तक कि उनमें खून फिर से दौड़ने नहीं लगा। ठण्ड वाकई बहुत ज्यादा है, बस यही खयाल उसके दिमाग में बार-बार आ रहा था। सल्फर क्रीक का वह आदमी ठीक ही बता रहा था कि खुले इलाकों में किस कदर ठण्ड हो जाती है। उस समय वह उस पर हँस दिया था! यह बताता है कि आदमी को अपने आप पर कुछ ज्यादा ही यकीन नहीं करना चाहिए। ठण्ड *वाकई* जबर्दस्त थी, इसमें कोई शक नहीं था। वह पैर पटकते और हाथों को जोर से घुमाते हुए चलता रहा जब तक कि बदन में गर्मी लौटने से आश्वस्त नहीं हो गया। फिर उसने माचिस निकाली और आग जलाने का उपक्रम शुरू किया। पिछले बसन्त की बाढ़ ने झाड़ियों की जड़ों के पास सूखी टहनियों के ढेर जमा कर दिये थे। उसने पहले थोड़ी-सी छिपटियाँ जलाईं और कुछ ही देर में अच्छी-खासी आग जलने लगी जिसकी गर्मी में उसने चेहरे की बर्फ पिघलाई और अपने बिस्कुट खाये। कुछ समय के लिए उसने वातावरण की ठण्ड को पछाड़ दिया था। कुत्ता सन्तुष्ट भाव से आग के सामने पसरा था, इतना नजदीक कि भरपूर गर्मी पा सके और इतनी दूर कि झुलसने से बचा रहे।

खाना खत्म करके आदमी ने अपना पाइप भरा और आराम से तम्बाकू पीता रहा। फिर उसने दस्ताने चढ़ाये, कनटोप को कानों पर कसकर जमाया और नाले की बाईं उपधारा से होकर आगे चल पड़ा। कुत्ता हताश हो गया और मुड़-मुड़कर आग की ओर देख रहा था। इस आदमी को ठण्ड का अनुभव नहीं था। शायद उसके पूर्वजों की तमाम पीढ़ियाँ ठण्ड से, असली ठण्ड, हिमांक से एक सौ सात डिग्री नीचे की ठण्ड से अपरिचित रही थीं। लेकिन कुत्ता जानता था; उसकी तमाम पिछली पीढ़ियाँ जानती थीं और उसने यह ज्ञान विरासत में पाया था। वह जानता था कि ऐसी डरावनी ठण्ड में बाहर घूमना अच्छा नहीं है। यह समय था कि बर्फ में गड्ढा खोदकर गुड़ी-मुड़ी होकर पड़े-पड़े उस वक्त का इन्तजार किया जाये जब बादलों का पर्दा खुले आसमान को ढँक लेगा जहाँ से यह ठण्ड आ रही थी। दूसरी ओर, कुत्ते और आदमी के बीच कोई घनिष्ठता नहीं थी। दुलार के नाम पर उसे सिर्फ कोड़े की फटकार मिलती थी और तीखी, डरावनी घुड़कियाँ जो कोड़ों की चेतावनी देती थीं। इसलिए कुत्ते ने अपनी आशंकाएँ आदमी को जताने की कोई कोशिश नहीं की। उसे आदमी की भलाई की चिन्ता नहीं थी; वह तो अपने लिए आग के पास लौटना चाह रहा था। लेकिन आदमी ने सीटी बजाई और कोड़े की फटकारवाली आवाज में उसे बुलाया और कुत्ता मुड़कर उसके पीछे-पीछे चलने लगा।

आदमी ने तम्बाकू मुँह में भरा और ऐम्बर की नई दाढ़ी बनानी शुरू कर दी। उसकी नम साँस ने फौरन उसकी मूँछों, भौंहों और बरौनियों को सफेद पाउडर से ढँक दिया। लगता था, हेण्डरसन की बाईं उपधारा पर ज्यादा सोते थे नहीं थे, और आधे

घंटे तक आदमी को उनका कोई चिह्न नहीं दिखा। और फिर अचानक यह हो गया। एक ऐसी जगह पर, जहाँ कोई चिह्न नहीं थे और बर्फ की सपाट चिकनी सतह नीचे के ठोसपन का विज्ञापन कर रही थी, उसके पैर एकदम से धँस पड़े। वहाँ ज्यादा गहरा नहीं था। वह गिरते-पड़ते ठोस सतह पर आया तो घुटनों से कुछ नीचे तक भीग चुका था।

नाराज होकर उसने अपनी किस्मत को जोर की गाली दी। उसने छः बजे तक बाकी बन्दों के पास शिविर में पहुँच जाने की उम्मीद लगाई थी, पर अब उसे एक घंटे की देर हो जायेगी क्योंकि उसे आग जलाकर जुराबें और जूते सुखाने पड़ेंगे। इतने कम तापमान पर ऐसा करना निहायत जरूरी था—यह वह अच्छी तरह जानता था। वह मुड़ा और कगार पर चढ़कर ऊपर निकल आया। थोड़ी ऊँचाई पर, फर के कई छोटे पेड़ों के तनों के पास की झाड़ियों में बाढ़ से आई सूखी लकड़ियों का ढेर जमा था। इनमें ज्यादातर तो पतली डण्डियाँ और टहनियाँ थीं लेकिन कई मोटी शाखाओं के टुकड़े और पिछले साल की सूखी घास के गुच्छे भी थे। उसने कई बड़े-बड़े टुकड़े बर्फ पर डाल दिये। यह बुनियाद का काम करेगा और आग से पिघली बर्फ में डूबकर लपट को बुझ जाने से बचायेगा। उसने अपनी जेब से भोजपत्र का एक छोटा-सा टुकड़ा निकालकर उसे माचिस से जलाया। वह कागज से भी ज्यादा आसानी से जल गया। इसे बुनियाद पर रखकर वह नन्ही-सी लौ को सूखी घास के गुच्छों और छोटी-छोटी टहनियों से लहकाने लगा।

उसे खतरे का इस अहसास था और वह धीरे-धीरे और सावधानी से काम कर रहा था। जैसे-जैसे आग जोर पकड़ती गई, वह उसमें ज्यादा बड़ी टहनियाँ डालता गया। वह बर्फ में उकडूँ बैठा था और झाड़ियों में उलझी टहनियों को खींच-खींचकर सीधे आग में डाल रहा था। उसे मालूम था कि असफलता कतई नहीं होनी चाहिए। जब ठण्ड शून्य से पचहत्तर डिग्री नीचे हो तो आदमी को आग जलाने के पहले प्रयास में ही असफल नहीं होना चाहिए—वह भी तब, जब उसके पैर भीग गये हों। अगर उसके पैर सूखे हैं, और वह असफल रहता है तो वह आधा मील दौड़कर रक्त का संचार फिर से शुरू कर सकता है। लेकिन पचहत्तर डिग्री नीचे पर भीगे और जम रहे पैरों में दौड़ने से रक्त-संचार वापस नहीं लाया जा सकता। चाहे वह जितनी भी तेजी से दौड़े, भीगे पैर जमकर अकड़ जायेंगे।

वह आदमी यह सब जानता था। पिछले पतझड़ में सल्फर क्रीक में उस अनुभवी आदमी ने इसके बारे में बताया था और अब उसे उसकी सलाह का महत्त्व समझ आ रहा था। उसके पैर अभी से संवेदनशून्य हो चुके थे। आग जलाने के लिए उसे अपने दस्ताने उतारने पड़े थे और उँगलियाँ तुरन्त ही सुन्न हो गई थीं। चार मील प्रति घंटे की उसकी चाल के कारण उसके दिल की धड़कन खून को उसके बदन

के हर हिस्से तक भेजती रही थी। लेकिन जैसे ही वह रुका, वह पम्प भी ढीला पड़ गया। आसमान से उतरती ठण्ड पृथ्वी के अरक्षित सिरे पर वज्रपात कर रही थी और उस अरक्षित सिरे पर मौजूद होने के नाते वह उस प्रहार का पूरा वेग झेल रहा था। उसके शरीर का रक्त इससे सहमकर पीछे हट रहा था। कुत्ते की तरह रक्त भी सजीव था, और कुत्ते की तरह वह भी कहीं छुपकर इस भयंकर ठण्ड से बचना चाहता था। जब तक वह चार मील प्रति घंटे की रफ्तार से चल रहा था तो वह रक्त को धकियाकर शरीर की सतहों तक भेजता रहा था; लेकिन अब वह तेजी से उतार पर था और शरीर की खोहों में जा छिपा था। देह के छोरों को सबसे पहले उसकी अनुपस्थिति महसूस हुई थी। उसके भीगे पैर ज्यादा तेजी से जम रहे थे और उसकी खुली उँगलियाँ ज्यादा तेजी से सुन्न हुई थीं, हालाँकि अभी वे जमने नहीं लगी थीं। नाक और गाल अकड़ने लगे थे, जबकि रक्त से वंचित होते ही उसके पूरे बदन की त्वचा सर्द हो गई थी।

लेकिन वह सुरक्षित था। पंजों और नाक और गालों पर जमने का थोड़ा ही असर होगा क्योंकि अब आग अच्छी तरह जलने लगी थी। अभी वह अपनी उँगली की मोटाई की टहनियाँ इसमें डाल रहा था। एक-दो मिनट में वह कलाई जितनी मोटी शाखाएँ डालने लगेगा, और तब वह भीगे हुए जूते-मोजे उतार सकेगा। फिर जब तक वे सूखेंगे, वह अपने नंगे पैरों को बर्फ से रगड़ने के बाद आग से गर्मायेगा। सल्फर क्रीक के सयाने की सलाह याद करके वह मुस्कुरा दिया। उसने बड़ी गम्भीरता से यह नियम बताया था कि पचास डिग्री नीचे के बाद किसी को भी क्लोंडाइक में अकेले सफर नहीं करना चाहिए। पर वह तो अकेले था, उसके साथ दुर्घटना भी हुई थी और उसने खुद को बचा लिया था। उसने सोचा कि इन पुराने लोगों में से कई बिल्कुल औरतों की तरह हैं। आदमी बस अपना दिमाग शान्त रखे तो कोई परेशानी नहीं होगी। कोई भी आदमी अगर असल मर्द है, तो अकेले सफर कर सकता है। लेकिन जिस तेजी से उसकी नाक और गाल जमे जा रहे थे, वह बड़ी हैरानी की बात थी। और उसने यह नहीं सोचा था कि उसकी उँगलियाँ इतने कम समय में बेजान हो जायेंगी। वे बेजान हो चुकी थीं, क्योंकि वह मुश्किल से उनसे कोई टहनी पकड़ पा रहा था। और वे उसके बदन से और उससे बहुत दूर मालूम पड़ रही थीं। जब वह कोई टहनी छूता था तो उसे मुड़कर देखना पड़ता था कि उसे पकड़ सका है या नहीं। उसकी उँगलियों के पोरों और उसके बीच के तार पक्के तौर पर टूट गये थे।

इस सबका अब ज्यादा मतलब नहीं था। सामने चटखती और लहकती आग जल रही थी और हर उछलती हुई लपट जीवन का आश्वासन दे रही थी। उसने जूतों के तस्मे खोलना शुरू किया। जूतों पर बर्फ की कड़ी परत थी; मोटे जर्मन मोजे घुटनों

के ठीक नीचे तक लोहे के खोल जैसे हो गये थे; और तस्मे ऐसे हो गये थे मानो स्टील की छड़ें तेज आँच से पिघलकर ऐंठी और एक-दूसरे से उलझ गई हों। एक-दो बार उसने सुन्न पड़ी उँगलियों से खींचने की कोशिश की, फिर अपनी बेवकूफी का अहसास कर उसने म्यान से चाकू निकाला।

वह तस्मों को काट पाता, इसके पहले ही अघट घट गया। यह उसी की गलती थी। उसे फर के पेड़ के नीचे आग नहीं जलानी चाहिए थी। उसे यह काम खुले में करना चाहिए था। लेकिन झंखाड़ में से टहनियों को खींचकर सीधे आग में डालना ज्यादा आसान था। पर वह जिस पेड़ के नीचे यह कर रहा था, उसकी डालों पर बर्फ का खासा ढेर लगा था। कई हफ्तों से हवा नहीं चली थी और हर डाल अच्छी तरह लदी हुई थी। हर टहनी खींचकर निकालने के साथ उसने पेड़ को हल्का-सा झकझोरा था। यह कम्पन इतना हल्का था कि उसे नजर नहीं आता था लेकिन आफत बरपा करने के लिए काफी था। पेड़ के ऊपर की एक डाली ने बर्फ का अपना बोझ पलट दिया। यह नीचे की डालों पर गिरा और वे भी खाली हो गईं। यह प्रक्रिया जारी रही, फैलती गई और पूरे पेड़ को चपेट में ले लिया। यह हिमस्खलन की तरह बढ़ी और बिना किसी चेतावनी के उस आदमी और आग पर आ गिरी, और आग बुझ गई ! जहाँ लपटें लपक रही थीं वहाँ अब ताजा और ऊबड़-खाबड़ बर्फ का ढकना था।

आदमी सन्न रह गया। यह तो ऐसा था मानो उसे मौत का फरमान सुना दिया गया हो। एक पल के लिए वह चुपचाप बैठा उस जगह को घूरता रहा जहाँ आग थी। फिर उसका मन एकदम शान्त हो गया। शायद सल्फर क्रीक का सयाना सही था। अगर उसके साथ सफर का कोई साथी होता तो उसे कोई खतरा नहीं होता। साथी ने आग जला ली होती। पर अब तो उसे ही फिर से आग जलानी थी, और इस बार कोई चूक नहीं होनी चाहिए थी। अगर वह सफल रहा तो भी शायद उसे पैर की कुछ उँगलियाँ गँवानी पड़ेंगी। उसके पाँव अब तक बुरी तरह जम चुके होंगे, और दुबारा आग जलने में अभी कुछ समय लगेगा।

यह सब सोचते हुए वह बैठा नहीं था। वह लगातार व्यस्त था। उसने आग के लिए नई बुनियाद तैयार की, इस बार खुले में, जहाँ कोई दगाबाज पेड़ उसे दफन न कर सके। फिर उसने सूखी घास और पतली-पतली टहनियाँ बटोरीं। वह इन्हें खींचने के लिए अपनी उँगलियों का इस्तेमाल नहीं कर पा रहा था बल्कि हथेलियों में भरकर उठा रहा था। इस तरह से बहुत-सी सड़ी टहनियाँ और हरी काई के गुच्छे भी आ-जा रहे थे, पर वह कुछ नहीं कर सकता था। वह बड़े व्यवस्थित ढंग से काम कर रहा था और दोनों बाँहों में भरकर मोटी शाखाएँ भी ले आया था जिन्हें बाद में, आग के जोर पकड़ने पर काम आना था। पूरे समय कुत्ता बैठा उसे देख रहा था; उसकी आँखों

में उत्कण्ठाभरी ललक थी क्योंकि वह उसे अग्निदाता के रूप में देखता था और आग के आने में देर हो रही थी।

जब सब तैयार हो गया तो आदमी ने भोजपत्र के दूसरे टुकड़े के लिए जेब में हाथ डाला। वह जानता था कि छिलका वहाँ है, पर हालाँकि वह उँगलियों से उसे महसूस नहीं कर पा रहा था पर जेब में टटोलते हुए उसे उसकी करकराहट सुनाई दे रही थी। भरसक कोशिश करके भी वह उसे उँगलियों में पकड़ नहीं पा रहा था। और इस पूरे समय उसकी चेतना में यह बात मौजूद थी कि हर पल उसके पैर जमे जा रहे हैं। इस विचार से उसके दिल में दहशत की लहर उठी लेकिन उसने उसे दबा दिया और शान्त चित्त बना रहा। उसने दाँतों से खींचकर दस्ताने चढ़ा लिये और जोर-जोर से बाँहों को घुमाते हुए दोनों हाथ पूरी ताकत से अपनी जाँधों पर मारने लगा। पहले वह बैठकर ऐसा करता रहा, फिर उठकर खड़ा हो गया। पूरे समय कुत्ता बर्फ में बैठा आदमी को देखता रहा; उसकी भेड़ियोंवाली झबरीली पूँछ गर्माहट देती हुई अगले पंजों को ढँके हुए थी, और उसके तीक्ष्ण भेड़ियोंवाले कान उत्सुकता से आगे की ओर तने हुए थे। अपने हाथों को भाँजते और पीटते हुए उस आदमी का दिल उस जानवर को देखकर ईर्ष्या से भर उठता था जो अपने प्राकृतिक आवरण में गर्म और सुरक्षित था।

कुछ देर बाद उसे अपनी उँगलियों में संवेदन के पहले, दूर से आते संकेतों का भान हुआ। हल्की-सी झनझनाहट धीरे-धीरे बढ़ते हुए तेज दर्द में बदल गई, जो लगभग असहनीय था, लेकिन आदमी ने खुशी से इसका स्वागत किया। उसने दाहिने हाथ का दस्ताना खींचकर निकाला और भोजपत्र का टुकड़ा बाहर लाया। नंगी उँगलियाँ फिर तेजी से सुन्न हो रही थी। उसने जेब से गन्धकवाली माचिस का डिब्बा निकाला। लेकिन भीषण ठण्ड तब तक उसकी उँगलियों को बेजान कर चुकी थी। एक तीली अलग करने की कोशिश में पूरा बण्डल बर्फ में गिर गया। उसने इसे बर्फ में से निकालने की कोशिश की लेकिन नाकाम रहा। बेजान उँगलियाँ न तो छू सकती थीं, न पकड़ सकती थीं। वह बेहद सावधान था। उसने अपने जम रहे पैरों, और नाक और गालों को दिमाग से बाहर निकाल दिया; उसका तन-मन पूरी तरह माचिस पर केन्द्रित हो गया था। स्पर्शेन्द्रिय की जगह दृष्टि का इस्तेमाल करते हुए वह ध्यान से देखता रहा, और जब उसने बण्डल के दोनों तरफ अपनी उँगलियाँ देखीं तो उन्हें बन्द कर दिया—यानी उसने उन्हें बन्द करने की इच्छा की, पर सम्पर्क-सूत्र काम नहीं कर रहे थे और उँगलियों ने इच्छा का पालन नहीं किया। उसने दाहिने हाथ पर दस्ताना फिर चढ़ा लिया और बड़ी जोर से उसे कई बार घुटने पर पटका। फिर उसने दस्तानेवाले हाथों से ढेर सारी बर्फ के साथ माचिस का बण्डल उठाकर गोद में डाल लिया। इससे भी उसे ज्यादा फायदा नहीं हुआ।

काफी कोशिश के बाद वह दस्ताना चढ़े अपने हाथों की गदेलियों के बीच बण्डल को थाम पाया। ऐसे ही उठाये हुए वह इसे मुँह तक लाया। पूरा जोर लगाकर उसने मुँह खोला तो जमी हुई बर्फ कड़कड़ाकर चटख गई। उसने निचला जबड़ा अन्दर किया, ऊपरवाला होंठ ऊपर चढ़ाकर रास्ते से हटाया और अपने ऊपर के दाँतों से बण्डल को रगड़कर एक तीली अलग करने की कोशिश करने लगा। एक तीली निकालने में वह कामयाब रहा जो उसने अपनी गोद में गिरा ली। अब भी उसकी हालत बेहतर नहीं थी। वह इसे उठा नहीं सकता था। फिर उसे एक रास्ता सूझा। उसने तीली को अपने दाँतों से उठाया और अपनी पतलून पर रगड़ने लगा। करीब बीस बार रगड़ने के बाद वह जल उठी। जलती तीली को दाँतों से ही पकड़े हुए उसने भोजपत्र से लगाया लेकिन जलते गन्धक का धुआँ उसके नथुनों से होता हुआ फेफड़ों में पहुँचा और वह बुरी तरह खाँसने लगा। तीली बर्फ में गिरकर बुझ गई।

इसके बाद नियंत्रित हताशा के एक क्षण में उसके दिमाग में फिर यह विचार आया कि सल्फर क्रीक के सयाने की बात सच थी : पचास डिग्री नीचे पर हर आदमी को किसी संगी के साथ ही निकलना चाहिए। उसने जोर-जोर से अपने हाथ पीटे लेकिन कोई सनसनी नहीं हुई। अचानक उसने दाँतों से खींचकर अपने दस्ताने हटाये और दोनों हाथ नंगे कर दिये। उसने हाथों की गदेलियों के बीच पूरा बण्डल पकड़ लिया। उसकी बाँहों की मांसपेशियाँ अभी इतनी नहीं जमी थीं कि वह हथेलियों के बीच बण्डल को कसकर दबा न सके। फिर उसने पूरे बण्डल को जाँघ पर रगड़ा। वह भक्क से जल उठा, एक साथ सत्तर तीलियाँ! हवा एकदम नहीं थी इसलिए बुझने का खतरा नहीं था। उसने दमघोंटू धुएँ से बचने के लिए सिर एक किनारे रखा और जलते हुए बण्डल को भोजपत्र के करीब लाया। ऐसा करते हुए उसे अपने हाथों में कुछ संवेदन महसूस हुआ। उसका मांस जल रहा था। वह उसे सूँघ सकता था। सतह के नीचे वह उसे महसूस कर रहा था। हल्का-सा संवेदन दर्द में बदल गया जो बढ़ता जा रहा था। फिर भी वह इसे बर्दाश्त करता रहा और तीलियों की लौ को किसी तरह छिलके से लगाने की कोशिश करता रहा। पर वह जल नहीं रहा था क्योंकि उसके जलते हाथ लपट के आड़े आ रहे थे।

आखिरकार, जब उसके लिए बर्दाश्त करना नामुमकिन हो गया तो उसने झटके से हाथ अलग कर लिये। जलती तीलियाँ छन्न करके बर्फ में गिर गईं लेकिन भोजपत्र ने लौ पकड़ ली थी। वह लौ पर सूखी घास और सबसे महीन पतली टहनियाँ डालने लगा। वह चुन नहीं पा रहा था क्योंकि उसे इस ईंधन को अपनी हथेलियों के निचले हिस्से से पकड़कर उठाना पड़ रहा था। सड़ी लकड़ी और हरी काई के छोटे-छोटे टुकड़े टहनियों से चिपके हुए थे और वह अपने भरसक उन्हें दाँतों से अलग कर दे रहा था। बड़ी सावधानी से लेकिन भोंडे ढंग से वह लौ को धीरे-धीरे बढ़ा रहा था। आग का

अर्थ था जीवन, इसे मरने नहीं देना था। उसके बदन की सतह से खून पीछे हटने के कारण अब वह काँपने लगा और उसके हाथों की हरकतें और भी बेढब हो गईं। हरी काई का एक बड़ा-सा टुकड़ा सीधा छोटी-सी आग पर गिर पड़ा। उसने उँगलियों से कोंचकर उसे बाहर करने की कोशिश की लेकिन कँपकँपी की वजह से उसका हाथ जोर से चल गया और जलती घास और छोटी टहनियाँ छितरा गईं। उसने उँगलियों से धकियाकर उन्हें फिर इकट्ठा करने की कोशिश की, लेकिन उसकी पूरी कोशिश के बावजूद वह अपनी कँपकँपी पर काबू नहीं रख पा रहा था और टहनियाँ पहले से भी ज्यादा बुरी तरह छितरा गईं। एक-एक टहनी धुआँ छोड़कर बुझ गई। अग्निदाता असफल रहा था। निरीह भाव से अपने इर्दगिर्द देखते हुए उसकी निगाह कुत्ते पर पड़ी जो आग के ध्वंसावशेषों के उस पार उसके सामने बर्फ पर बैठा था। वह व्यग्र हो रहा था। कभी एक पंजा उठाता तो कभी दूसरा और उत्कण्ठापूर्वक उसकी ओर देख रहा था।

कुत्ते को देखते ही एक उन्मत्त विचार उसके मस्तिष्क में कौंध गया। उसे वह कहानी याद आई जब बर्फीले तूफान में फँसा एक व्यक्ति एक बैल को मारकर उसके शव में घुस गया था और उसकी गर्मी से उसकी जान बच गई थी। वह भी कुत्ते को मारकर अपने हाथ उसके गर्म शरीर में तब तक धँसाये रखेगा जब तक कि उनमें जान न आ जाये। फिर वह दुबारा आग जला सकेगा। उसने कुत्ते को आवाज देकर पास बुलाया, लेकिन उसकी आवाज में एक अजीब-सा डर था जिसने जानवर को डरा दिया क्योंकि उसने इस आदमी को इस ढंग से बोलते हुए पहले कभी नहीं सुना था। कुछ बात तो थी, और उसकी सन्देहशील प्रकृति ने खतरा सूँघ लिया था—वह नहीं जानता था कि खतरा क्या है लेकिन कहीं, किसी तरह, उसके दिमाग में आदमी को लेकर एक सन्देह कुलबुलाने लगा था। आदमी की आवाज सुनकर उसने अपने कान ऊँचे कर लिये और उसकी बेचैनीभरी हरकतें बढ़ गईं लेकिन वह पास नहीं आया। आदमी घुटनों के बल रेंगता हुआ कुत्ते की ओर बढ़ा। इस असामान्य मुद्रा से जानवर का सन्देह और बढ़ा और वह उससे बचकर किनारे खिसक गया।

आदमी एक पल के लिए बर्फ में बैठ गया और मन शान्त करने की कोशिश करने लगा। फिर उसने दाँतों की मदद से दस्ताने चढ़ा लिये और खड़ा हो गया। उसने खुद को यह विश्वास दिलाने के लिए नीचे देखा कि वह वाकई खड़ा है क्योंकि पैर एकदम सुन्न हो जाने की वजह से वह धरती से कट-सा गया था। सीधे खड़े होने की उसकी मुद्रा ने ही कुत्ते के दिमाग से सन्देह के जाले को साफ करना शुरू कर दिया; और जब उसने अपनी आवाज में कोड़ों की फटकार के साथ दृढ़ता से आदेश दिया तो कुत्ते की आदत उसे उसके पास खींच लाई। जैसे ही वह उसकी पहुँच के

भीतर आया, आदमी बेकाबू हो गया। उसकी बाँहें कुत्ते की ओर लपकीं और वह यह पाकर हतप्रभ रह गया कि उसके हाथ कुछ पकड़ नहीं सकते थे और उँगलियाँ न मुड़ सकती थीं और न कुछ महसूस कर सकती थीं। एक पल के लिए वह भूल ही गया था कि वे जम चुकी हैं और लगातार जमती जा रही हैं। यह सब बहुत जल्दी हुआ और इससे पहले कि जानवर निकल पाता, उसने उसके शरीर को बाँहों में भर लिया था। वह गुर्राते, मिमियाते और छूटने के लिए कसमसाते हुए कुत्ते को पकड़े हुए बर्फ में बैठा रहा।

वह बस यही कर सकता था। उसे बाँहों में जकड़े हुए बैठा रह सकता था। उसे अहसास हुआ कि वह कुत्ते को मार नहीं सकता। ऐसा करना कतई सम्भव नहीं था। अपने असहाय हाथों से वह न तो अपना चाकू सँभाल सकता था और न ही कुत्ते का गला घोंट सकता था। आदमी ने उसे छोड़ दिया और वह दुम दबाये और बुरी तरह गुर्राते हुए पागलों की तरह वहाँ से भागा। चालीस फीट दूर जाकर वह रुका और विस्मयभरी दृष्टि से उसे देखने लगा; उसके कान एकदम खड़े हो गये थे। आदमी ने अपने हाथों को ढूँढ़ने के लिए नीचे देखा और पाया कि वे उसकी बाँहों के सिरे पर झूल रहे हैं। उसे अचानक खयाल आया कि यह तो बड़ा अजीब है कि आदमी को अपने हाथों का पता करने के लिए आँखों का इस्तेमाल करना पड़े। वह अपने हाथ आगे-पीछे भाँजने लगा और उन्हें जोर-जोर से जाँघों पर पटकने लगा। पूरी ताकत से पाँच मिनट तक ऐसा करने के बाद उसके दिल के पम्प ने इतना खून बदन की सतह पर भेजा कि उसकी कँपकँपी रुक गई। लेकिन हाथों में कोई सनसनी पैदा नहीं हुई। उसे लग रहा था कि वे उसकी बाँहों के सिरे पर वजन की तरह लटके हैं लेकिन उसे वजन का कोई अहसास नहीं हो रहा है।

पहली बार उसे मौत का डर महसूस हुआ। यह डर बहुत तेजी से उस पर हावी हो गया क्योंकि अब उसे समझ आ रहा था कि यह महज हाथ-पैर की उँगलियों के जमने या हाथ-पैर गँवा देने का मामला नहीं था बल्कि जिन्दगी और मौत का सवाल था जिसमें हालात उसके खिलाफ थे। वह बुरी तरह घबरा गया और मुड़कर नाले की सतह पर आगे दौड़ने लगा। कुत्ता भी उसके पीछे-पीछे दौड़ लिया। वह अन्धाधुन्ध भाग रहा था और इस कदर डरा हुआ था जैसा डर उसने जीवन में पहले कभी नहीं महसूस किया था। धीरे-धीरे बर्फ में कदम धँसाते और गिरते-पड़ते आगे बढ़ते हुए उसे फिर से आसपास की चीजें दिखाई देने लगीं—नाले के कगार, पुरानी लकड़ियों के ढेर, ऐस्पन की सूखी झाड़ियाँ और आसमान। दौड़ने से वह बेहतर महसूस कर रहा था। अब वह काँप नहीं रहा था। हो सकता है, अगर वह दौड़ता रहा तो उसके पैरों में जमा खून फिर रवाँ हो जाये; और वैसे भी अगर वह लगातार दौड़ता रहा तो शिविर में साथियों के पास पहुँच जायेगा। निस्सन्देह उसे हाथ-पैर

की कुछ उँगलियों और चेहरे का कुछ हिस्सा गँवाना पड़ेगा, लेकिन उसके साथी उसकी जान बचा लेंगे। इसके साथ ही उसके दिमाग में एक और भी विचार था जो कहता था कि वह कभी शिविर और अपने साथियों तक नहीं पहुँचेगा; कि वे अभी मीलों दूर हैं, कि उसके अंग तेजी से जम रहे हैं, और कि जल्दी ही वह अकड़कर मर जायेगा। इस विचार को उसने पृष्ठभूमि में धकेल दिया और उस पर सोचने से इनकार कर दिया। बीच-बीच में वह आगे आकर माँग करता कि उस पर ध्यान दिया जाये लेकिन वह फिर उसे पीछे धकेलकर दूसरी चीजों के बारे में सोचने की कोशिश करने लगता।

उसे यह बात अजीब लग रही थी कि जो पैर इस कदर जम चुके हैं कि जब वे धरती से टकराते हैं और उसके बदन का बोझ उठाते हैं तो वह उन्हें महसूस नहीं कर पाता, उन्हीं पैरों से वह दौड़ पा रहा है। उसे ऐसा मालूम हो रहा था मानो वह सतह पर फिसलता जा रहा हो और धरती से उसका कोई सम्बन्ध न हो। एक बार उसने कहीं पंखयुक्त मरकरी की तस्वीर देखी थी। वह सोच रहा था कि क्या धरती के ऊपर फिरते हुए मरकरी को भी ऐसा ही महसूस होता था।

शिविर और साथियों के पास पहुँचने तक दौड़ते रहने की उसकी सोच में एक कमी थी : उसके शरीर में इतनी क्षमता नहीं रह गई थी। कई बार वह लड़खड़ा चुका था और आखिरकार वह बुरी तरह डगमगाया और भहराकर गिर पड़ा। उसने उठने की कोशिश की पर नाकाम रहा। उसने तय किया कि उसे बैठकर कुछ देर सुस्ताना चाहिए और अब वह बस धीरे-धीरे चलेगा। बैठकर अपनी साँस थिराते हुए उसका ध्यान गया कि अब वह काफी गर्म और सुखद महसूस कर रहा था। वह काँप नहीं रहा था, और यहाँ तक कि उसके सीने और टाँगों में गर्मी आ गई थी। लेकिन फिर भी जब उसने अपनी नाक और गालों को छुआ तो कुछ महसूस नहीं हुआ। दौड़ने से उनमें जान नहीं आयेगी। न ही उसके हाथों और पैरों में इससे जान आयेगी। फिर उसके मन में खयाल आया कि उसके शरीर के जमे हुए हिस्सों का विस्तार हो रहा होगा। उसने इस विचार को दबाने की, इसे भूल जाने की, कुछ और सोचने की कोशिश की। उसे इसकी वजह से पैदा हो रही घबराहट का अहसास था और उसे इस घबराहट से डर लग रहा था। लेकिन यह विचार बार-बार उभरता रहा और फिर उसे अपना बदन पूरी तरह जमा हुआ दिखाई देने लगा। इसे बर्दाश्त करना मुश्किल था और वह एक बार फिर पागलों की तरह दौड़ पड़ा। एक बार उसने अपनी रफ्तार कम की और सामान्य ढंग से चलने लगा लेकिन शरीर के बाकी हिस्से के जमने की बात सोचकर ही वह एक बार फिर दौड़ पड़ा।

पूरे समय कुत्ता उसके साथ, ठीक उसके पीछे दौड़ता रहा। जब वह दोबारा गिर पड़ा, तो कुत्ता अपनी पूँछ से आगे के पंजों को ढँककर उसके सामने बैठ गया, वह

उत्सुक और उद्विग्न था। कुत्ते को गर्म और सुरक्षित देखकर आदमी का गुस्सा भड़क उठा और वह उसे तब तक गालियाँ बकता रहा जब तक उसने मालिक को खुश करने के अन्दाज में कान नीचे नहीं झुका लिये। इस बार कँपकँपी ने आदमी के शरीर को ज्यादा जल्दी चपेट में लिया। वह ठण्ड से जमने के खिलाफ लड़ाई हार रहा था। यह चारों ओर से उसके बदन में घुसकर रेंग रही थी। यह सोचकर ही वह फिर भागा लेकिन सौ फीट भी नहीं गया था कि लड़खड़ाया और मुँह के बल गिर पड़ा। यह उसकी आखिरी दहशत थी। जब उसने साँस पर काबू पाया और दिमाग स्थिर हुआ तो वह उठ बैठा। उसके मन में विचार आया कि उसे गरिमा के साथ मौत का सामना करना चाहिए। यह विचार उसे इसी प्रकार नहीं सूझा। उसने सोचा कि सिर कटे हुए मुर्गे की तरह इधर-उधर भागकर वह सरासर बेवकूफी करता रहा है–ऐसी ही उपमा उसकी आँखों के सामने आई। उसे हर हाल में जमकर मरना ही था, तो क्यों न वह सम्मान से मौत को गले लगाये। इस तरह मन की शान्ति पाते ही उसे पहली बार तन्द्रा-सी महसूस हुई। उसने सोचा कि सोते हुए मरने का खयाल बुरा नहीं है। यह बेहोशी की दवा लेने जैसा होगा। ठण्ड से जमना उतना बुरा नहीं है जितना लोग सोचते हैं। मरने के और भी बुरे तमाम तरीके हैं।

उसने देखा कि अगले दिन उसके साथियों को उसकी लाश मिली है। अचानक उसने खुद को उनके साथ पाया। वह सबके साथ पगडण्डी के साथ-साथ चलते हुए खुद को ढूँढ़ रहा था। वे एक मोड़ पर मुड़े और उसने खुद को बर्फ में पड़े हुए देखा। अब वह अपने से आजाद हो गया था, वह बाकियों के साथ खड़ा खुद को बर्फ में पड़ा हुआ देख रहा था। ठण्ड वाकई बहुत ज्यादा है, वह सोच रहा था। अमेरिका वापस लौटने पर वह लोगों को बतायेगा कि असल ठण्ड क्या होती है। फिर उसे सल्फर क्रीक का वह अनुभवी आदमी दिखाई दिया। वह उसे साफ देख रहा था, वह आराम से बैठा पाइप पी रहा था।

"तुम ठीक कहते थे, उस्ताद; ठीक कहते थे तुम।" आदमी ने सल्फर क्रीक के सयाने से बुदबुदाकर कहा।

फिर वह आदमी तन्द्रा में डूब गया। उसे लग रहा था कि यह उसके जीवन की सबसे आरामदेह और तसल्लीबख्श नींद है। कुत्ता उसके सामने बैठा इन्तजार कर रहा था। छोटा-सा दिन एक लम्बी, धीमी साँझ में ढलने लगा था। आग जलाये जाने का कोई संकेत नहीं था, और इसके अलावा कुत्ते ने अपने पूरे अनुभव के दौरान किसी आदमी को बर्फ में इस तरह बैठे और आग जलाने की कोई कोशिश नहीं करते हुए नहीं देखा था। जब साँझ घिरने लगी, तो आग की ललक उस पर हावी हो गई और बेचैनी से अपने अगले पंजे उठाते-रखते हुए उसने धीरे से कूँ-कूँ की, फिर आदमी की डाँट का अनुमान लगाकर कान सिर से चिपका लिये। लेकिन आदमी खामोश रहा।

फिर कुत्ता ऊँची आवाज में किंकियाया। इसके बाद वह खिसककर आदमी के करीब आया और मौत की गन्ध से चौंककर पीछे हट गया। कुछ देर वह आसमान में चमकते तारों की छाँह में रुका और मुँह उठाकर रोता रहा। फिर वह मुड़ा और उस शिविर की दिशा में चल पड़ा जिसे वह जानता था, जहाँ दूसरे भोजनदाता और अग्निदाता मौजूद थे।

मेक्सिकन

उसके पिछले जीवन के बारे में कोई नहीं जानता था--विद्रोही दल के वे नेता तो सबसे कम जानते थे। उनके लिए वह एक रहस्य था पर उनकी नजर में वह देशभक्त भी था और मेक्सिको में आनेवाली क्रान्ति के लिए वह भी उतनी ही कड़ी मेहनत कर रहा था जितनी कि वे। उन्होंने इस बात को देर से पहचाना क्योंकि नेताओं की मण्डली में से कोई भी उसे पसन्द नहीं करता था। जिस दिन वह पहली बार उनके भीड़भरे, व्यस्त कमरों में आया था, उन सबने उस पर जासूस होने का सन्देह किया था--उन्हें लगा था कि वह भी दियाज़ की सीक्रेट सर्विस के भाड़े के लोगों में से एक है। उनके बहुत-से साथी अमेरिकाभर में बिखरी सिविल और सैनिक जेलों में कैद थे और उस वक्त भी बहुतेरे अन्य साथी जंजीरों में जकड़े सीमापार ले जाये जा रहे थे जहाँ उन्हें कच्ची ईंटों की दीवारों के सामने खड़ा करके गोली मार दी जाती थी।

पहली नजर में उस लड़के ने उन पर अच्छा असर नहीं छोड़ा। वह लड़का ही था, वह अठारह से ज्यादा का नहीं होगा और उम्र के लिहाज से उसका शरीर ज्यादा बड़ा नहीं था। उसने कहा कि वह फेलिपे रिवेरा है और क्रान्ति के लिए काम करना चाहता है। बस, इतना ही--एक भी फालतू शब्द नहीं, आगे कुछ और बताने की कोशिश भी नहीं। वह खड़ा जवाब का इन्तजार कर रहा था। उसके होंठों पर कोई मुस्कान नहीं थी, न ही आँखों में खुशमिजाजी। लम्बे-तगड़े, तेज-तर्रार पौलिनो वेरा को अपने भीतर हल्की-सी सिहरन महसूस हुई। यह कुछ अशुभ, भयावह, अबूझ-सी चीज थी। लड़के की काली आँखों में कुछ जहरीला और साँप-जैसा था। वे ठण्डी आग की तरह जल रही थीं, जैसे उनमें अथाह, सघन कड़वाहट सुलग रही हो। उसकी नजरें षड्यंत्रकारियों के चेहरों से उस टाइपराइटर तक कौंध गईं जिस पर दुबली-पतली मिसेज सेदबी बड़ी लगन से जुटी हुई थी। उसकी आँखें एक पल के लिए उन पर टिकीं--उन्होंने उसी वक्त नजर उठाई थी--और उन्हें भी उस अजीब सी चीज का अहसास हुआ; उनकी उँगलियाँ अपने आप रुक गईं। खत की टाइपिंग जारी रखने के लिए उन्हें एक बार पीछे तक पढ़ना पड़ा।

पौलिनो वेरा ने सवालिया निगाह से अरेलानो और रामोस की ओर देखा और उन्होंने सवालिया निगाहों से उसे और एक-दूसरे को देखा। सन्देह से उपजा अनिर्णय

उनकी आँखों में झलक रहा था। यह नाजुक-सा लड़का 'अज्ञात' था, 'अज्ञात' की सारी आशंकाएँ मानो उसमें समाई हुई थीं। उसे पहचाना नहीं जा सकता था, वह ईमानदार, साधारण क्रान्तिकारियों की दृष्टिसीमा से परे की कोई चीज जान पड़ता था। दियाज़ और उसकी तानाशाही से ये क्रान्तिकारी बस ईमानदार और साधारण देशभक्तों के रूप में जबर्दस्त नफरत करते थे। लेकिन यहाँ उनके सामने कुछ और था, वे नहीं जानते थे कि यह क्या है। हमेशा ही सबसे आवेगमय, सबसे जल्दी हरकत में आनेवाले वेरा ने चुप्पी तोड़ी।

"ठीक है," उसने ठण्डे लहजे में कहा। "तुम कहते हो कि तुम क्रान्ति के लिए काम करना चाहते हो। अपना कोट उतारो। इसे वहाँ टाँग दो। मैं तुम्हें बताता हूँ, आओ—बाल्टी और पोंछा कहाँ है? फर्श गन्दा है। तुम यहाँ से शुरू करो और फिर सारे कमरों के फर्श रगड़कर साफ कर डालो। उगालदान भी गन्दे हो गये हैं। इसके बाद खिड़कियाँ साफ करनी हैं।"

"ये सब क्रान्ति के लिए है?" लड़के ने पूछा।

"ये सब क्रान्ति के लिए है।" वेरा ने जवाब दिया।

रिवेरा ने उन सब पर सन्देह से भरी एक ठण्डी नजर डाली, फिर अपना कोट उतारने लगा।

"ठीक है।" उसने कहा।

बस, और कुछ नहीं। रोज-ब-रोज वह अपने काम पर आता था—झाड़ू लगाता था, पोछा करता था, सफाई करता था। वह अँगीठियों की राख निकालकर फेंकता था, कोयला और लकड़ी की छिपटियाँ लाता था और उनमें से सबसे ऊर्जावान व्यक्ति के अपनी मेज पर पहुँचने से पहले ही अँगीठियाँ सुलगा चुका होता था।

"क्या मैं यहाँ सो सकता हूँ?" एक बार उसने पूछा।

ओ-हो! तो ये बात है—आखिर दियाज़ का हाथ नजर आ ही गया! जुन्ता* के कमरों में सोने का मतलब था—उनकी तमाम खुफिया जानकारियों तक सीधी पहुँच—लोगों के नामों की सूचियाँ, मेक्सिकन धरती पर मौजूद तमाम कॉमरेडों के पते, सब उसके हाथ में पड़ जाते। अनुरोध ठुकरा दिया गया, और रिवेरा ने दुबारा कभी इसका जिक्र नहीं किया। वह कहाँ सोता था, इसके बारे में वे नहीं जानते थे और न ही उन्हें मालूम था कि वह कहाँ खाता है और कैसे खाता है। एक बार अरेलानो ने उसे एक-दो डालर देने चाहे। रिवेरा ने सिर हिलाकर पैसे लेने से इनकार कर दिया। जब वेरा ने भी जोर देकर उसे पैसे लेने के लिए कहा, तो उसने कहा :

"मैं क्रान्ति के लिए काम कर रहा हूँ।"

---

*जुन्ता—विद्रोहियों की परिषद्

आधुनिक क्रान्ति की तैयारी में पैसों की जरूरत होती है, और जुन्ता के हाथ हमेशा ही तंग रहते थे। सभी सदस्य आधा पेट खाते थे और दिनो-रात काम में जुटे रहते थे, फिर भी ऐसे मौके आते थे जब लगता था कि क्रान्ति का टिके रहना या असफल हो जाना बस चन्द डालरों की बात है। एक बार, और यह पहली बार था, जब मकान का किराया दो महीने से बाकी था और मकानमालिक उन्हें बाहर करने की धमकी दे रहा था, तो इसी फेलिपे रिवेरा, घटिया फटे-चिथड़े कपड़ों में लिपटे पोछेवाले लड़के ने मे सेदबी की मेज पर साठ डालर के सोने के सिक्के लाकर रख दिये थे। फिर और भी मौके आये। हमेशा व्यस्त रहनेवाले टाइपराइटरों पर लिखे तीन सौ खत भेजे जाने के लिए पड़े हुए थे, पर डाक टिकट के पैसे नहीं थे। (इनमें मदद की, संगठित मजदूर ग्रुपों से अनुदान की अपीलें थीं, अखबारों के सम्पादकों के नाम खत और विज्ञप्तियाँ थीं और अमेरिकी अदालतों में क्रान्तिकारियों के साथ निरंकुश बर्ताव के खिलाफ विरोध के पत्र थे।) वेरा की घड़ी बिक चुकी थी—पुराने फैशन की सोने की यह घड़ी उसके बाप की थी। मे सेदबी की तीसरी उँगली से सोने की अँगूठी भी जा चुकी थी। हालात बदहवासी के थे। रामोस और अरेलानो हताशा में अपनी लम्बी मूँछें खींचते रहते थे। चिट्ठियाँ हर हाल में भेजी जानी थीं, और डाकघरवाले उधार पर टिकट देने को तैयार नहीं थे। उस वक्त भी रिवेरा ने टोप सिर पर रखा और बाहर निकल गया। जब वह लौटा तो उसने मे सेदबी की मेज पर दो सेण्टवाले एक हजार टिकट रख दिये।

"मैं सोचता हूँ कि कहीं यह सोना दियाज़ का तो नहीं है?" वेरा ने साथियों से कहा।

उन्होंने त्योरियाँ चढ़ा लीं पर कुछ तय नहीं कर पाये। और क्रान्ति के लिए पोंछा लगानेवाला फेलिपे रिवेरा मौका पड़ने पर जुन्ता के इस्तेमाल के लिए सोना और चाँदी लाता रहा।

और फिर भी वे उसे पसन्द नहीं कर पा रहे थे। वे उसे जानते नहीं थे। उसके तौर-तरीके उन जैसे नहीं थे। वह विश्वास नहीं जगाता था। उसके बारे में जानकारी पाने की सारी कोशिशें उसके ठण्डे रुख से नाकाम हो जाती थीं। वह बस लड़का ही था, फिर भी वे उससे पूछताछ करने की हिम्मत नहीं जुटा पाते थे।

"शायद वह एक महान और एकाकी आत्मा है; पता नहीं, मैं समझ नहीं पाता, कुछ नहीं समझ पाता!" अरेलानो ने झुँझलाकर कहा।

"वह इनसान नहीं है।" रामोस बोला।

"उसकी आत्मा दाग दी गई है," मे सेदबी ने कहा। "हँसी-खुशी तो उसके भीतर जैसे झुलस चुकी है। वह मरे हुओं जैसा है, फिर भी वह इस कदर जिन्दा है कि डर लगता है।"

"वह जहन्नुम से होकर गुजरा है," वेरा ने कहा। "कोई भी इनसान ऐसा नहीं दिख सकता, अगर वह जहन्नुम से न गुजरा हो—और वह तो अभी लड़का ही है।"

फिर भी वे उसे पसन्द नहीं कर पाते थे। वह कभी बातें नहीं करता था, कभी कुछ पूछता नहीं था, कभी सलाह नहीं देता था। जब वे क्रान्ति पर गर्मजोशी से बातें करते थे, तो वह चुपचाप खड़ा सुनता रहता था; उसका चेहरा भावहीन होता था, जैसे मृत हो, बस उसकी आँखों में ठण्डी आग सुलगती रहती थी। बर्फ के दमकते बर्मों-सी भेदती उसकी नजरें एक-एक वक्ता के चेहरे पर फिरती रहती थीं जिससे वे परेशान और विचलित हो जाते थे।

"वह कोई जासूस नहीं है," एक बार वेरा ने मे सेदबी से अपने दिल की बात कही। "वह एक देशभक्त है—यकीन मानो, हम सबसे बढ़कर देशभक्त है। मैं जानता हूँ, मैं यह महसूस करता हूँ, यहाँ, अपने दिल में और अपने दिमाग में मैं यह महसूस करता हूँ। लेकिन मैं उसे बिल्कुल समझ नहीं पाता हूँ।"

"वह गर्म मिजाज का है।" मे सेदबी ने कहा।

"मैं जानता हूँ," वेरा ने हल्की-सी सिहरन के साथ कहा। "वह मेरी ओर अपनी उन आँखों से देखता है। उनमें प्यार नहीं होता, वे डराती हैं; वे जंगली बाघ की तरह हिंस्र लगती हैं। मैं जानता हूँ, अगर मैंने लक्ष्य के साथ गद्दारी की, तो वह मुझे मार डालेगा। उसके पास दिल नहीं है। वह फौलाद की तरह निर्मम है, बर्फ की तरह ठण्डा और पैना है। वह सर्दियों की रात में उस चाँदनी की तरह है जिसके देखते कोई इनसान पहाड़ की निर्जन चोटी पर जमकर मर जाता है। मैं दियाज़ और उसके तमाम हत्यारों से नहीं डरता; लेकिन यह लड़का, इससे मुझे डर लगता है। मैं सच कहता हूँ तुम्हें। उससे मौत की गन्ध आती है।"

फिर भी यह वेरा ही था जिसने दूसरों को रिवेरा पर भरोसा करने के लिए राजी किया। लॉस एंजलिस और लोअर कैलिफोर्निया के बीच सम्पर्क-सूत्र टूट गया था। तीन साथियों से खुद अपनी कब्र खुदवाकर उन्हें उसी में गोली मार दी गई थी। दो अन्य लॉस एंजलिस में अमेरिकी सरकार के कैदी थे। संघीय कमाण्डर जुआन अल्वरादो एक राक्षस था। उनकी सारी योजनाएँ वह नाकाम कर देता था। लोअर कैलिफोर्निया के सक्रिय और नये जुड़ रहे क्रान्तिकारियों तक अब उनका पहुँचना मुमकिन नहीं रह गया था।

रिवेरा को कुछ निर्देश दिये गये और दक्षिण रवाना कर दिया गया। जब वह लौटा, तो सम्पर्क-सूत्र बहाल हो चुका था और जुआन अल्वरादो मर चुका था। वह अपने बिस्तर में मरा पाया गया था, उसके सीने में मूठ तक चाकू धँसा हुआ था। यह रिवेरा को दिये गये निर्देशों से ज्यादा था, लेकिन जुन्ता के लोग जानते थे कि वह कब-कब कहाँ-कहाँ गया था। उन्होंने उससे पूछा नहीं। उसने कुछ कहा नहीं।

लेकिन वे एक-दूसरे की ओर देखते और कयास लगाते रहे।

"मैंने कहा था न," वेरा ने कहा। "यह लड़का दियाज़ के लिए किसी से भी ज्यादा खतरनाक है। उसे शान्त नहीं किया जा सकता। वह खुदा का हाथ है।"

मे सेदबी ने जिस गर्म मिजाज की बात की थी, और जिसे सब महसूस करते थे, उसके अब शारीरिक प्रमाण मिलने लगे थे। कभी उसका ऊपरी होंठ कटा होता, कभी गाल पर नीला दाग होता या कान सूजा हुआ होता। साफ था कि उस बाहरी दुनिया में वह लड़ता-भिड़ता रहता है जहाँ वह खाता और सोता था, पैसे हासिल करता था और इस ढंग से जीता था जिससे वे अनजान थे। समय बीतने के साथ, वह उनके छोटे-से क्रान्तिकारी साप्ताहिक अखबार के लिए टाइप सेट करने का भी काम करने लगा था। कई बार ऐसे पौके आते जब वह टाइप सेट नहीं कर पाता क्योंकि उसकी उँगलियों की गाँठों पर घाव होते थे, या उसके अँगूठे चोट से बेकार हो जाते या फिर उसकी एक बाँह बेजान-सी लटकी रहती जबकि उसका चेहरा दर्द से खिंचा रहता—यह अलग बात है कि उसकी जुबान से उफ भी नहीं निकलती थी।

"आवारा छोकरा!" अरेलानो ने कहा।

"गन्दी जगहों पर जाता होगा।" रामोस का कहना था।

"लेकिन उसे पैसे कहाँ से मिलते हैं?" वेरा ने पूछा। "आज ही, बल्कि अभी-अभी मुझे पता चला है कि उसने कागज का बिल चुका दिया है—एक सौ चालीस डालर।"

"बीच-बीच में वह गायब रहता है," मे सेदबी ने कहा। "वह कभी नहीं बताता कि इस बीच कहाँ रहा।"

"हमें उसके पीछे जासूस लगाना चाहिए।" रामोस ने विचार व्यक्त किया।

"मैं तो वह जासूस नहीं होना चाहूँगा," वेरा ने कहा। "मुझे डर है कि तुम लोग मुझे दुबारा कभी नहीं देख पाओगे, सीधे दफनाने के समय ही देखोगे। उसके भीतर भावनाओं का जबर्दस्त उबाल है। उसकी भावनाओं की राह में आने की इजाजत तो खुदा भी नहीं देगा।"

"उसके सामने मैं खुद को बच्चे-जैसा महसूस करता हूँ।" रामोस ने स्वीकार किया।

"मेरे लिए तो वह साक्षात् शक्ति है—वह आदिम शक्ति है, जंगली भेड़िया है, फन मारता रैटलस्नेक है, डंक मारता बिच्छू है।" अरेलानो ने कहा।

"वह साक्षात क्रान्ति है," वेरा ने कहा। "वह इसकी लौ है, इसकी आत्मा है; बदले की कभी न शान्त होनेवाली पुकार है जो आवाज नहीं करती मगर चुपचाप वध करती है। वह रात की खामोशी में निकलनेवाला मौत का फरिश्ता है।"

"मुझे उस पर रोना आता है," मे सेदबी ने कहा। "वह किसी को नहीं जानता। वह सबसे नफरत करता है। वह हमें बर्दाश्त करता है क्योंकि हम उसकी मुराद पूरी

करने का जरिया हैं। वह अकेला है...बिल्कुल अकेला।" सिसकी रोकने की कोशिश में उसकी आवाज खो गई और उसकी आँखें धुँधला गईं।

रिवेरा के तौर-तरीके और उसके आने-जाने का समय वाकई रहस्यमय थे। कभी-कभी वह उन्हें एक हफ्ते तक नहीं दिखाई देता था। एक बार, वह पूरे महीने भर गायब रहा। ऐसे मौकों पर उसकी वापसी हमेशा ही सुखद होती थी क्योंकि वह बिना दिखावे के या बिना कुछ बोले मे सेदबी की मेज पर सोने के सिक्के रख देता था। इसके बाद वह कई दिनों और हफ्तों तक अपना सारा समय जुन्ता के साथ गुजारता था। लेकिन फिर, वह बीच-बीच में सुबह से दोपहर बाद तक गायब रहने लगता था। ऐसे मौकों पर वह काफी जल्दी आ जाता था और देर रात तक रुकता था। अरेलानो ने एक बार उसे आधी रात को सूजी हुई उँगलियों से टाइप सेट करते पाया था, या शायद उसका होंठ भी फटा हुआ था जिससे अब भी खून चुहचुहा रहा था।

दो

संकट का समय आ पहुँचा था। क्रान्ति होगी या नहीं, यह अब जुन्ता पर निर्भर था और जुन्ता बेहद दबाव में थी। पैसे की तंगी पहले हमेशा से ज्यादा थी, पर पैसे जुटाना और भी मुश्किल हो गया था। देशभक्तों ने अपनी आखिरी कौड़ी भी दे दी थी और अब कुछ नहीं दे सकते थे। रेल मार्गों के सेक्शनों पर काम करनेवाले मजदूर और मेक्सिको से भागकर अमेरिका के दफ्तरों में काम करनेवाले चपरासी अपनी मामूली तनख्वाहों का आधा हिस्सा दे रहे थे। लेकिन इससे कहीं ज्यादा की दरकार थी। बरसों तक हताशा से जूझते हुए, जीतोड़ मेहनत से किये गये गुप्त कामों का नतीजा मिलने का समय आ रहा था। समय बिल्कुल सटीक था। क्रान्ति एक नाजुक सन्तुलन पर टिकी थी। बस, एक और धक्का, पूरी ताकत और हिम्मत से की गई एक कोशिश की जरूरत थी, और यह लहराती हुई जीत की ओर बढ़ जाती। वे अपने मेक्सिको को जानते थे। बस, एक बार शुरू हो जाये, उसके बाद क्रान्ति खुद अपना खयाल रख सकती थी। दियाज़ का पूरा तंत्र ताश के पत्तों की तरह भहरा जायेगा। सीमा के इलाके उठ खड़े होने के लिए तैयार थे। आई.डब्ल्यू.डब्ल्यू.* के सौ लोगों के साथ एक यांकी सीमा पार करके लोअर कैलिफोर्निया पर धावा बोलने के लिए तैयार था। लेकिन उसे बन्दूकों की जरूरत थी। और उधर, अटलांटिक तक के पूरे इलाके में ऐसे लोगों की पूरी फौज थी जो इस आततायी हुकूमत से लड़ने को तैयार बैठे थे। इनमें

---

* आई.डब्ल्यू.डब्ल्यू.–इण्डस्ट्रियल वर्क्स ऑफ दि वर्ल्ड–अनु.

दुस्साहसियों, लूट के लिए लड़नेवाला, बागी डकैत, अमेरिकी यूनियनों के असन्तुष्ट लोग, समाजवादी, अराजकतावादी, आवारागर्द, मेक्सिको से निर्वासित लोग, बंधुआगीरी से भागे हुए कर्मचारी, कोर द'अलान और कोलोराडो की खदानों में कोड़े खानेवाले खान मजदूर--ये सब शामिल थे। जुन्ता उन सबसे सम्पर्क बनाये हुए थी, और सबको बन्दूकों की जरूरत थी। बार-बार यही माँग आती थी--बन्दूकें और गोली-बारूद, गोली-बारूद और बन्दूकें।

प्रतिशोध से भरी, अपना सब कुछ खो चुकी इस ऊबड़खाबड़ भीड़ को सीमा के पार धकेल देना था, और क्रान्ति शुरू हो जाती। कस्टम हाउस, उत्तरी बन्दरगाहों के प्रवेशद्वार पर कब्जा हो जाता। दियाज़ इसे रोक नहीं पाता। वह अपनी सेनाएँ उनके खिलाफ भेजने की हिम्मत नहीं कर सकता था क्योंकि उसे दक्षिण को काबू में रखना था। और पूरे दक्षिण में क्रान्ति की लपटें उसके रोके नहीं रुकेंगी। लोग उठ खड़े होंगे। एक के बाद एक शहर की रक्षा-पंक्ति ध्वस्त हो जायेगी। एक के बाद एक प्रान्त घुटने टेक देगा। और आखिरकार, हर ओर से क्रान्ति की विजयी सेनाएँ दियाज़ के आखिरी गढ़, मेक्सिको सिटी को घेर लेंगी।

लेकिन पैसा कहाँ से आये! उनके पास बन्दूकों का इस्तेमाल करनेवाले लोग थे, उत्साह से भरे और अधीर। वे उन व्यापारियों को जानते थे जो बन्दूकें बेचने और उन्हें सही जगह पहुँचाने के लिए तैयार थे। लेकिन क्रान्ति को इस मुकाम तक लाने में जुन्ता ने अपने सारे संसाधन खर्च कर दिये थे। आखिरी डालर खर्च हो चुका था, आखिरी स्रोत और भूख से लड़ते आखिरी देशभक्त से जो भी मिल सकता था, निचोड़ा जा चुका था, लेकिन निर्णायक कार्रवाई अब भी बारीक सन्तुलन पर टिकी थी। बन्दूकें और गोलीबारूद! खस्ताहाल बटालियनों को हथियारबन्द करना ही होगा। लेकिन कैसे? रामोस को अपनी जब्त हो चुकी जागीरों की याद आई। अरेलानो ने अपनी जवानी की फिजूलखर्ची का रोना रोया। मे सेदबी सोचने लगी कि अगर जुन्ता अतीत में थोड़ी और किफायतशारी बरतती तो क्या कुछ हो सकता था?

"जरा सोचो कि मेक्सिको की आजादी बस कुछ हजार डालरों की मोहताज है।" पौलिनो वेरा ने कहा।

हताशा उन सबके चेहरों पर साफ दिख रही थी। उनकी आखिरी उम्मीद, हाल ही में जुड़े जोस अमारिलो, जिसने पैसे देने का वादा किया था, को चिहुआहुआ में अपनी हवेली में पकड़ लिया गया था और उसके अस्तबल की दीवार के सामने उसे गोली मार दी गई थी। खबर अभी-अभी आई थी।

घुटनों के बल फर्श पर पोंछा लगाते हुए रिवेरा ने उनकी ओर देखा। उसका ब्रशवाला हाथ हवा में उठा था और नंगी बाँहों पर झागदार गन्दा पानी लगा हुआ था।

"पाँच हजार से काम चल जायेगा?" उसने पूछा।

उन्होंने अचरज से उसकी ओर देखा। वेरा ने थूक निगलते हुए सिर हिलाया। वह बोल नहीं सका लेकिन अचानक उसमें अथाह विश्वास जाग उठा।

"बन्दूकों का आर्डर दे दो," रिवेरा ने कहा। "समय कम है। तीन हफ्ते में मैं तुम्हें पाँच हजार ला दूँगा। यह ठीक रहेगा। तब तक लड़नेवालों के लिए मौसम भी कुछ गर्म हो जायेगा। इससे ज्यादा मैं कुछ नहीं कर सकता।"

वेरा अपने विश्वास को कायम रखने की पूरी कोशिश कर रहा था। यह अविश्वसनीय था। जब से वह क्रान्ति में शामिल हुआ था तब से उसने बहुत-सी उम्मीदों को टूटते देखा था। उसे चिथड़े पहने हुए क्रान्ति के लिए पोंछा लगानेवाले इस लड़के पर यकीन था, फिर भी वह यकीन करने की हिम्मत नहीं कर पा रहा था।

"तू पागल है।" उसने कहा।

"बस, तीन हफ्ते," रिवेरा ने कहा। "बन्दूकों का ऑर्डर दे दो।"

वह उठा, कमीज की बाँहें नीचे कीं और कोट पहन लिया।

"बन्दूकों का ऑर्डर दे दो।" उसने कहा।

"मैं अभी जा रहा हूँ।"

तीन

काफी भागदौड़, इधर-उधर टेलीफोन करने और गाली-गलौज के बाद केली के दफ्तर में रात को एक बैठक हुई। केली का धन्धा चमका हुआ था, लेकिन वह बदकिस्मत भी था। वह न्यूयार्क से डैनी वार्ड को ले आया था, बिल कार्थी के साथ उसके मुकाबले का सारा इन्तजाम कर लिया था, मुकाबले का दिन बस तीन हफ्ते दूर रह गया था लेकिन पिछले दो दिनों से कार्थी बुरी तरह घायल होकर पड़ा था, हालाँकि खेल पत्रकारों से अब तक यह तथ्य बड़ी सावधानी से छुपाकर रखा गया था। उसकी जगह लेनेवाला कोई नहीं था। केली पूरब के हर सम्भावित लाइटवेट मुक्केबाज को फोन घनघनाता रहा था लेकिन सब के सब अनुबन्धों और पहले से तय तारीखों से बँधे हुए थे। और आखिरकार अब उसकी उम्मीद फिर से जागी थी, हालाँकि यह एक धुँधली-सी ही उम्मीद थी।

केली ने वहाँ आते ही रिवेरा पर एक नजर डाली और कहा, "तू है बड़े जीवटवाला।"

रिवेरा की आँखों में जहरीली नफरत थी, लेकिन उसका चेहरा निर्विकार बना रहा।

"मैं वार्ड को धूल चटा सकता हूँ।" उसने बस इतना कहा।

"तू कैसे जानता है? कभी देखा है उसे लड़ते हुए?"

रिवेरा ने सिर हिला दिया।

"वह दोनों आँखें बन्द करके तुझे एक हाथ से पीट सकता है।"

रिवेरा ने कन्धे उचका दिये।

"तुझे कुछ कहना नहीं है?" फाइट प्रमोटर ने तीखी आवाज में पूछा।

"मैं उसे धूल चटा सकता हूँ।"

"अच्छा? तू अब तक किससे भिड़ा है?" माइकल केली ने पूछा। माइकल प्रमोटर का भाई था और यलोस्टोन जुआघर चलाता था जहाँ वह मुक्केबाजी के मुकाबलों पर सट्टे से अच्छे पैसे बनाता था।

रिवेरा ने उसे कड़वी, सपाट नजर से घूरा।

प्रमोटर के नौजवान, खिलन्दड़े सेक्रेटरी ने खींसें निपोरीं।

"ठीक है, तू राबर्ट्स को जानता है," केली ने शत्रुतापूर्ण चुप्पी को तोड़ते हुए कहा। "उसे अब तक यहाँ आ जाना चाहिए था। मैंने उसे बुलवाया है। बैठकर इन्तजार करो, हालाँकि तुझे देखकर नहीं लगता कि तेरे बस की बात है। मैं इकतरफा मुकाबले से पब्लिक को नाराज नहीं कर सकता। पता है तुझे, रिंग के सामने की सीटें पन्द्रह-पन्द्रह डालर में बिक रही हैं?"

राबर्ट्स आया तो उसे देखते ही लग गया कि वह हल्के नशे में है। वह एक लम्बा, छरहरा, ढीला-ढाला-सा आदमी था और उसकी बोली की तरह ही उसकी चाल भी धीमी और सुस्त थी।

केली सीधे मुद्दे पर आया।

"देखो राबर्ट्स, तुम डींग हाँकते रहे हो कि तुमने इस मेक्सिकन छोकरे को ढूँढ़ निकाला है। तुम जानते ही हो कि कार्थी अपनी बाँह तुड़वा बैठा है। अब इस पीले मुँहवाले का जिगर तो देखो, ये आकर मुझसे कहता है कि यह कार्थी की जगह ले सकता है। क्या खयाल है?"

"सही है, केली," अपने सुस्त अन्दाज में राबर्ट्स ने जवाब दिया। "वह मुकाबला कर सकता है।"

"मेरे खयाल से तुम अब यह कहोगे कि वह वार्ड को पटरा कर सकता है।" केली ने तुर्श लहजे में कहा।

राबर्ट्स विचार करने की मुद्रा में कुछ देर चुप रहा।

"नहीं, मैं यह तो नहीं कहूँगा। वार्ड ऊँची चीज है, वह रिंग का बादशाह है। लेकिन वह रिवेरा को चुटकियों में ठिकाने नहीं लगा सकता। मैं रिवेरा को जानता हूँ। कोई भी उसे गुस्सा नहीं दिला सकता। मैं उसकी ऐसी कोई कमजोरी ढूँढ़ नहीं पाया। और उसके दोनों हाथ चलते हैं। वह किसी भी स्थिति से, किसी भी रुख

सामनेवाले को ढेर कर देनेवाले मुक्के चला सकता है।”

“उसकी बात छोड़ो। वह कैसा शो पेश कर सकता है? तुम सारी जिन्दगी फाइटरों को तैयार करते रहे हो। तुम्हारी परख की मैं दाद देता हूँ। क्या वह पब्लिक का पैसा वसूल करा सकता है?”

“पक्की बात है। और इतना ही नहीं, वह वार्ड को खासा परेशान कर सकता है। तुम इस लड़के को जानते नहीं हो। मैं जानता हूँ। मैंने उसे ढूँढ़ा है। उसे गुस्सा दिलाना नामुमकिन है। वह शैतान का अवतार है। वह पक्की आफत की पुड़िया है। वह वार्ड को देसी प्रतिभा के कमाल से ऐसा चौंकायेगा कि तुम सब चौंक जाओगे। मैं यह नहीं कहता कि वह वार्ड को धूल चटा देगा, लेकिन वह ऐसा जबर्दस्त मुकाबला करेगा कि तुम सब जान जाओगे कि आनेवाले दिन उसी के हैं।”

“ठीक है।” केली अपने सेक्रेटरी की ओर मुड़ा। “वार्ड को फोन लगाओ। मैंने उसे बता दिया था कि अगर कुछ बात बनी तो उसे यहाँ आना होगा। वह अभी सामने यलोस्टोन में ही है; लोगों को अपने बल्ले दिखा रहा होगा, लोकप्रिय होने का कोई मौका वह नहीं छोड़ता।”

केली फिर ट्रेनर से मुखातिब हुआ। “कुछ पिओगे?”

राबर्ट्स ने लम्बे गिलास से चुस्की ली और अपने सुस्त लहजे में बोलने लगा।

“मैंने कभी तुम्हें बताया नहीं कि यह बदमाश मुझे मिला कैसे। दो साल पहले यह हमारे यहाँ आया था। मैं प्राइने को डेलानी के साथ उसके मुकाबले के लिए तैयार कर रहा था। प्राइने बड़ा दुष्ट है। उसमें रत्तीभर भी दया नहीं है। उसने अपने पार्टनर की बुरी तरह ठुँकाई कर डाली थी और मुझे उसके साथ लड़ने को तैयार कोई लड़का मिल नहीं रहा था। तभी मुझे भूख से बेहाल यह मेक्सिकन छोकरा वहाँ मँडराता दिखाई दिया। मुझे कोई भी नहीं मिल रहा था। इसलिए मैंने उसे पकड़ा, दस्ताने पहनाये और रिंग में उतार दिया। वह चमड़े-सा चीमड़ था लेकिन बेहद कमजोर था। और वह मुक्केबाजी के ककहरे का पहला अक्षर भी नहीं जानता था। प्राइने ने उसकी धज्जियाँ उड़ा दीं। लेकिन वह दो राउण्ड तक टिका रहा, फिर बेहोश हो गया। वह भी भूख से। कैसी मार लगी थी उसे! उसे पहचानना मुश्किल था। मैंने उसे आधा डालर और खाना दिया। तुम्हें उसे भुक्खड़ों की तरह भकोसते देखना चाहिए था। उसने दो दिन से एक निवाला भी नहीं चखा था। मैंने सोचा, यह तो गया काम से। लेकिन अगले दिन वह फिर पहुँच गया। उसका शरीर अकड़ा और सूजा हुआ था लेकिन आधा डालर और भरपेट खाने के लिए वह फिर तैयार था। और समय बीतने के साथ वह बेहतर होता गया। वह जन्मजात फाइटर है, और ऐसा कड़ियल कि विश्वास नहीं होता। उसके दिल नहीं है। वह बर्फ की सिल्ली है। जब से मैं उसे जानता हूँ उसने एक बार में ग्यारह शब्द भी नहीं बोले होंगे। वह बस अपना काम

करता है।"

"मैंने देखा है," सेक्रेटरी ने कहा। "उसने तुम्हारे लिए खूब काम किया है।"

"मेरे सारे बड़े फाइटर उसके साथ आजमाइश कर चुके हैं," राबट्र्स ने जवाब दिया। "और उसने उन सबसे सीखा है। मैंने देखा है कि उनमें से कुछ को वह धो सकता था। लेकिन उसका दिल नहीं लगता था। मैं सोचता था कि उसे ये खेल कभी पसन्द नहीं था। उसके हाव-भाव से तो ऐसा ही लगता था।"

"पिछले कुछ महीनों में तो वह छोटे क्लबों में फाइटिंग करता रहा है।" केली ने कहा।

"हाँ। अचानक उसे पता नहीं क्या हुआ। एकदम से वह इसके लिए तैयार हो गया। वह बस एक कौंध की तरह निकला और तमाम लोकल फाइटरों की छुट्टी कर दी। लगता है, उसे पैसों की जरूरत है, और उसने ठीक-ठाक कमाई की है, हालाँकि उसके कपड़ों से पता नहीं चलता। वह अजीब ही चीज है। कोई नहीं जानता कि वह क्या करता है। किसी को नहीं पता कि वह अपना समय कैसे बिताता है। जब वह काम पर होता है तब भी काम खत्म होते ही गायब हो जाता है। कभी-कभी वह हफ्तों तक लापता रहता है। लेकिन वह किसी की सुनता नहीं है। उसका मैनेजर बननेवाला भारी कमाई कर सकता है, लेकिन वह इस बारे में सोचने को भी तैयार नहीं है। और तुम देखना कि जब मुकाबले की शर्तें तय होने लगेंगी तो वह पैसे नकद लेने के लिए किस तरह अड़ेगा।"

इसी समय डैनी वार्ड आ पहुँचा। पूरी मण्डली थी। उसका मैनेजर और ट्रेनर पीछे-पीछे थे और वह खुशमिजाजी और विजयी भाव के साथ हवा के झोंके की तरह भीतर आया। आते ही उसने लोगों से हाथ मिलाया, किसी से मजाक किया, किसी को अपनी हाजिरजवाबी की झलक दिखाई, किसी को देखकर मुस्कुराया और किसी की बात पर हँसा। ये उसका अन्दाज था और इसमें आंशिक ही सच्चाई थी। वह एक अच्छा अभिनेता था और उसने पाया था कि दुनिया में आगे बढ़ने के खेल में खुशमिजाजी बड़ा ही कारगर नुस्खा था। लेकिन भीतर से वह एक हिसाबी-किताबी, निर्मम फाइटर और बिजनेसमैन था। बाकी सब बस दिखावा था। एक मुखौटा था जिस पर हमेशा मुस्कान चिपकी रहती थी। उसे जाननेवाले या उसके साथ कारोबार करनेवाले कहते थे कि पैसों के मामले में उसका दिमाग उसके मुक्कों से भी ज्यादा तेज चलता था। लेन-देन सम्बन्धी हर बातचीत में वह जरूर मौजूद रहता था और कुछ लोग कहते थे कि उसका मैनेजर बस डैनी का माउथपीस है, वह वही बोलता है जो उसे कहा जाता है।

रिवेरा का अन्दाज बिल्कुल अलग था। उसकी नसों में स्पेनिश के साथ ही इण्डियन (रेड इण्डियन—अनु.) खून था और वह एक कोने में चुपचाप, बिल्कुल स्थिर

बैठा हुआ था, सिर्फ उसकी काली आँखें एक-एक चेहरे पर फिर रही थीं और हर चीज को गौर से देख रही थीं।

"अच्छा, तो यह बन्दा है!" डैनी ने अपने प्रस्तावित प्रतिद्वंद्वी का नजरों से जायजा लेते हुए कहा। "कहो, कैसे हो दोस्त?"

रिवेरा की आँखें जल उठीं, लेकिन उसने अभिवादन स्वीकारने का कोई संकेत नहीं दिया। सारे ग्रिंगो* उसे सख्त नापसन्द थे, लेकिन इस ग्रिंगो को देखते ही उसके भीतर ऐसी नफरत उमड़ी थी जो खुद उसके लिए भी अजीब था।

"या खुदा!" डैनी ने मजाकिया अन्दाज में फाइट प्रमोटर से कहा। "तो तुम मुझे एक गूँगे-बहरे से भिड़ाना चाहते हो!" हँसी थमने पर उसने एक और फिकरा कसा। "लगता है, आजकल लॉस एंजिलस में लोग चूड़ियाँ पहनने लगे हैं, तभी तुम इससे बेहतर का जुगाड़ नहीं कर सके। किस किण्डरगार्टेन से पकड़कर लाये हो इसे?"

"वह बढ़िया लड़का है, डैनी, मेरी बात मानो।" राबर्ट्स ने उसका बचाव किया। "जैसा कमजोर दिखता है वैसा है नहीं।"

"और आधी सीटें पहले ही बिक चुकी हैं।" केली ने अनुरोध के स्वर में कहा। "तुम्हें उससे भिड़ना ही होगा डैनी! अब इससे बेहतर हमारे लिए मुमकिन नहीं है।"

डैनी ने रिवेरा पर एक और बेफिक्र और उपेक्षापूर्ण नजर डाली और आह भरी।

"मेरे खयाल से मुझे उसके साथ नरमी बरतनी पड़ेगी; बशर्ते वह बेवकूफी न कर बैठे।"

राबर्ट्स ने नथुनों से फुफकार मारी।

"तुम्हें सावधान रहना होगा," डैनी के मैनेजर ने चेताया। "ऐसे घुरमुइसों को कोई मौका नहीं देना चाहिए। क्या पता, उसकी किस्मत से एकाध घूँसा तुम तक पहुँच ही जाये।"

"ओह, मैं पूरी सावधानी बरतूँगा, पूरी," डैनी मुस्कुराया। "प्यारी पब्लिक की खातिर मैं इसे शुरू से धीरे-धीरे खिलाऊँगा। पन्द्रह राउण्ड तक—और फिर उसे ढेर कर दूँगा। क्यों, क्या खयाल है केली?"

"चलेगा," उसने जवाब दिया। "बस, असली दिखना चाहिए।"

"तो अब काम की बात कर लें।" डैनी ने ठहरकर मन-ही-मन हिसाब लगाया। "टिकट-बिक्री का पैंसठ फीसदी, जैसे कार्थी के साथ तय था। लेकिन इसका बँटवारा अलग होगा। मेरे लिए अस्सी ठीक रहेगा।" उसने अपने मैनेजर से पूछा, "ठीक है?"

मैनेजर ने हामी भरी।

"अरे सुनो, तुम्हारी समझ में आया?" केली ने रिवेरा से पूछा।

---

* ग्रिंगो—लातिनी अमेरिका में अमेरिकियों के लिए हिकारत-भरा शब्द—अनु.

रिवेरा ने इनकार में सिर हिलाया।

"देखो, ये ऐसा होता है," केली ने उसे समझाया। "इनाम की रकम होगी टिकट-बिक्री की पैंसठ फीसदी। तुम नये और अनजान हो। रकम तुम दोनों के बीच बँट जायेगी। बीस फीसदी तुम्हें, अस्सी डैनी को। क्यों, सही है न, राबट्‌र्स?"

"बिल्कुल सही है, रिवेरा।" राबट्‌र्स ने सहमति जताई।

"देखो, अभी तुम्हारा नाम तो हुआ नहीं है।"

"टिकट-बिक्री का पैंसठ फीसदी कितना होगा?" रिवेरा ने पूछा।

"ओह, शायद पाँच हजार, या हो सकता है, आठ हजार तक पहुँच जाये," डैनी बोल पड़ा। "लगभग इतना ही होगा। तुम्हारे हिस्से में हजार से सोलह सौ तक आयेंगे। मेरे जैसे नामचीन बन्दे से पिटने के लिए ये खासी रकम है। क्या कहते हो?"

रिवेरा का जवाब सुनकर उनकी साँस गले में अटक गई। "पूरी रकम जीतनेवाला ले जायेगा," उसने फैसला सुनाने के अन्दाज में कहा।

कमरे में सन्नाटा छा गया।

"वाह, बच्चा हमें टॉफी खिला रहा है।" डैनी के मैनेजर ने कहा।

डैनी ने सिर हिलाया।

"मैं इस खेल में बहुत दिनों से हूँ," उसने कहा। "मैं रेफरी या आयोजक कम्पनी पर शुबहा नहीं कर रहा हूँ। मैं सट्टेबाजों और धोखाधड़ियों की भी बात नहीं कर रहा हूँ, जैसा कि कई बार होता है। मैं बस यही कह रहा हूँ कि मेरे जैसे फाइटर के लिए यह सौदा ठीक नहीं है। इस मामले में मैं जोखिम नहीं उठाता। तुम कुछ कह नहीं सकते। क्या पता मेरी बाँह टूट जाये, क्यों? या कोई मुझे धोखे से नशा खिला दे?" उसने गम्भीर मुद्रा में सिर हिलाया। "हार या जीत, मेरा हिस्सा होगा अस्सी फीसदी। क्या कहते हो, मेक्सिकन?"

रिवेरा ने फिर इनकार में सिर हिलाया।

डैनी गुस्से से फट पड़ा। अब वह असल रूप में आ रहा था।

"अबे, सड़कछाप गन्दे छोकरे, तू चाहता क्या है? जी तो करता है, अभी तुझे चपटा कर दूँ।"

राबट्‌र्स धीरे से अपना शरीर दोनों प्रतिद्वन्द्वियों के बीच ले आया।

"पूरी रकम जीतनेवाले को।" रिवेरा ने रूखे ढंग से दोहराया।

"तू इस तरह अड़ा क्यों हुआ है?" डैनी ने पूछा।

"मैं तुम्हें पीट सकता हूँ।" उसका सपाट जवाब था।

डैनी ने कोट उतारने की कोशिश शुरू की। लेकिन, जैसा कि उसका मैनेजर जानता था, यह महज दिखावा था। कोट उतरा नहीं, और डैनी ने लोगों को उसे शान्त करने दिया। सबकी हमदर्दी उसके साथ थी। रिवेरा अकेला खड़ा था।

"सुन, बेवकूफ छोकरे," केली ने उसे समझाने का जिम्मा अब खुद पर ले लिया। "तू कुछ नहीं है। हम जानते हैं कि पिछले कुछ महीनों में तू क्या करता रहा है—मामूली लोकल फाइटरों को पीटा है तूने। लेकिन डैनी आला दर्जे का है। इस मुकाबले के बाद वह चैम्पियनशिप के लिए भिड़ेगा। और तू बिल्कुल गुमनाम है। लॉस एंजलिस के बाहर किसी ने तेरा नाम भी नहीं सुना है।"

"सुनेंगे," रिवेरा ने कन्धे झटककर कहा, "इस मुकाबले के बाद वे सुनेंगे।"

"तू सोचता है, तू मुझे पीट देगा?" डैनी गुस्से में बोला।

रिवेरा ने सिर हिलाकर हामी भरी।

"अरे छोड़ो; जरा बात समझने की कोशिश करो," केली ने अपील की। "विज्ञापनों के बारे में सोचो।"

"मुझे पैसे चाहिए।" रिवेरा का जवाब था।

"तू एक हजार साल में मुझसे नहीं जीत सकता।" डैनी ने आश्वस्त भाव से कहा।

"फिर तुम्हें फिक्र काहे की है?" रिवेरा ने पलटकर कहा। "अगर पैसा इतनी आसानी से मिल रहा है तो तुम ले क्यों नहीं लेते?"

"लूँगा! अब तू देख!" डैनी अचानक फैसलाकुन अन्दाज में चीखा। "मैं रिंग में तुझे पीट-पीटकर मार डालूँगा, बच्चे—तू मेरे साथ खिलवाड़ कर रहा है! अखबारों में लेख छपवाना शुरू कर दो, केली। पूरा पैसा जीतनेवाले को! खेल कालमों में इसे जमकर उछालो। पब्लिक को बताओ कि ये पुराने दुश्मनों की भिड़न्त है। मैं इस नौबढ़ छोकरे को उसकी औकात दिखाऊँगा।"

केली के सेक्रेटरी ने लिखना शुरू कर दिया था कि डैनी ने उसे रोक दिया।

"रुको!" वह रिवेरा की ओर मुड़ा।

"वजन?"

"रिंग के बाहर।" जवाब आया।

"सवाल ही नहीं उठता, नौबढ़ छोकरे! अगर पूरा माल जीतनेवाले का, तो वजन सुबह दस बजे होगा।"

"और पूरा माल जीतनेवाले को मिलेगा?" रिवेरा ने पूछा।

डैनी ने हामी भरी। मामला तय हो गया। वह अपनी पूरी ताकत और ताजगी के साथ रिंग में उतरेगा।

"वजन दस बजे होगा।" रिवेरा ने कहा।

सेक्रेटरी का पेन तेजी से चलने लगा।

"इसका मतलब हुआ, पाँच पौण्ड और।" राबर्ट्स ने रिवेरा को समझाया। "तूने अपने पैरों पर कुल्हाड़ी मार ली। तूने हारने का पक्का इन्तजाम कर लिया।

डैनी पक्के तौर पर तुझे पीट डालेगा। वह साँड़ की तरह मजबूत होगा। तू एकदम बेवकूफ है। अब तो तेरे पास रत्तीभर भी मौका नहीं है।"

रिवेरा ने नपी-तुली, नफरतभरी नजर से उसका जवाब दिया। वह इस ग्रिंगो से भी नफरत करता था, हालाँकि यह उन सबसे बेहतर ग्रिंगो था।

चार

रिवेरा रिंग में उतरा तो शायद ही किसी ने उसकी ओर ध्यान दिया। स्टेडियम में इधर-उधर छितरी और बेमन से बजाई तालियों की आवाज ने उसका स्वागत किया। दर्शकों को उस पर भरोसा नहीं था। वह तो महान डैनी के हाथों बलि चढ़ने के लिए लाया गया मेमना था। इसके अलावा, दर्शकों को हताशा भी हुई थी। उन्हें डैनी वार्ड और बिल कार्थी के बीच जबर्दस्त भिड़न्त की उम्मीद थी और यहाँ उन्हें इस पिद्दी से काम चलाना पड़ रहा था। दर्शकों ने डैनी पर एक के मुकाबले दो, यहाँ तक कि तीन का सट्टा लगाकर इस बदलाव पर अपनी नाखुशी जाहिर कर दी। और सट्टा लगानेवालों का पैसा जिधर होता है, उधर ही उनका दिल भी होता है।

मेक्सिकन लड़का अपने कोने में बैठ गया और इन्तजार करने लगा। समय धीरे-धीरे बीत रहा था। डैनी उससे इन्तजार करा रहा था। यह एक पुरानी चाल थी लेकिन कमउम्र, नये फाइटरों पर इसका हमेशा ही असर होता था। इस तरह बैठे और खुद अपनी आशंकाओं तथा धुआँ उड़ाते निर्मम दर्शकों का सामना करते हुए उनमें डर समाने लगता था। लेकिन इस बार यह चाल नाकाम रही। राबर्ट्स ने ठीक कहा था। रिवेरा को अशान्त करना असम्भव था। वह उन सबसे ज्यादा सन्तुलित था और उसके दिलो-दिमाग की एक-एक नस प्रत्यंचा की तरह खिंची हुई थी और उसमें घबराहट या डर के लिए कोई गुंजाइश नहीं थी। रिंग के उसके कोने में मौजूद हार और निराशा के माहौल का भी उस पर कोई असर नहीं था। उसके सहयोगी ग्रिंगो और अजनबी थे। और उसे इनामी मुक्केबाजी के खेल की तलछट के लोग दिये गये थे, जिनके पास न तो कोई सम्मान था और न कुशलता। ऊपर से, वे पहले ही यह मान बैठे थे कि उनके खिलाड़ी की हार पक्की है।

"होशियार रहना," स्पाइडर हैगर्टी ने उसे चेताया। स्पाइडर उसका मुख्य सहयोगी था। "जितनी देर टिके रह सको, उतनी देर टिकने की कोशिश करना—केली ने यही कहलाया है। अगर तुमने ऐसा नहीं किया तो अखबारवाले इसे भी मिली-जुली लड़ाई बता देंगे और लॉस एंजलिस में यह खेल और बदनाम हो जायेगा।"

यह सब कतई हौसला आफजाई करनेवाला नहीं था। लेकिन रिवेरा ने जरा भी ध्यान नहीं दिया। उसे इनामी मुक्कबाजी से नफरत थी। यह घृणित ग्रिंगो लोगों का

घृणित खेल था। ट्रेनर के अखाड़े में दूसरों के मुक्के खानेवाले के तौर पर वह इसमें शामिल हुआ था, सिर्फ इसलिए क्योंकि वह भूख से मर रहा था। इस बात से कोई फर्क नहीं पड़ता था कि वह इस खेल के लिए बहुत बढ़िया ढंग से बना था। वह इससे नफरत करता था। जुन्ता के सम्पर्क में आने के पहले वह कभी पैसे के लिए नहीं लड़ा था, पर उसे इस तरह पैसे कमाना आसान लगता था। वह पहला इनसान नहीं था जिसने खुद को एक ऐसे पेशे में कामयाब पाया था जिससे वह नफरत करता था।

उसने किसी चीज का विश्लेषण नहीं किया। वह बस जानता था कि उसे यह लड़ाई जीतनी ही है। कोई और नतीजा हो ही नहीं सकता। उसके इस विश्वास के पीछे ऐसी विराट शक्तियाँ थीं जिनकी स्टेडियम में खचाखच भरे दर्शक कल्पना भी नहीं कर सकते थे। डैनी वार्ड पैसे के लिए, और पैसे से खरीदे जा सकनेवाले ऐशो-आराम के लिए लड़ता था। लेकिन रिवेरा जिन चीजों के लिए लड़ता था वे उसके दिमाग में सुलग रही थीं—उसके दिमाग में जलते हुए और भयानक दृश्य कौंध रहे थे, जिन्हें रिंग के अपने कोने में अकेले बैठे और अपने तिकड़मी प्रतिद्वन्द्वी का इन्तजार करते हुए वह इतना साफ देख रहा था मानो उन्हें जी रहा हो।

उसने रिओ ब्लांको की सफेद दीवारों से घिरी पनबिजली से चलनेवाली फैक्टरियाँ देखीं। उसने छः हजार थके-हारे और भूखे मजदूरों को और सात-आठ साल के छोटे बच्चों को देखा जो रोजाना दस सेण्ट के लिए लम्बी-लम्बी पालियों में खटते थे। उसकी आँखों के सामने से चलते-फिरते शव गुजर गये; ये डाई-रूमों में काम करनेवाले लोग थे। उसे याद आया कि उसने अपने पिता को कहते सुना था कि ये डाई-रूम मौत के कुएँ हैं जहाँ एक साल काम करना मौत को बुलावा देना था। उसे छोटा-सा आँगन दिखाई दिया जहाँ उसकी माँ खाना बनाती थी और घर चलाने के लिए सुबह से रात तक खटती थी, फिर भी उसे दुलारने और प्यार करने का समय निकाल लेती थी। फिर उसने अपने पिता को देखा। लम्बे-ऊँचे, बड़ी-बड़ी मूँछों और गहरे सीनेवाले पिता, जो उन तमाम लोगों से प्यार करते थे और जिनका दिल इतना बड़ा था कि उसमें उमड़ता प्यार उन हजारों लोगों के बीच बँटने के बाद भी माँ और आँगन के कोने में खेल रहे नन्हे छोकरे के लिए बचा रहता था। उन दिनों उसका नाम फेलिपे रिवेरा नहीं था, उसका नाम फर्नांदिज़ था, जो उसे अपने पिता और माँ से मिला था। उसे वे जुआन कहते थे। बाद में उसने खुद इसे बदल लिया था क्योंकि पुलिस, राजनीतिज्ञ और जागीरदारों के आदमी फर्नांदिज़ नाम से नफरत करते थे।

लम्बे-तगड़े, दिलदार जोआक्विन फर्नांदिज़! वे हमेशा रिवेरा की आँखों के सामने होते थे। उस वक्त वह उन्हें समझ नहीं पाता था लेकिन अब याद करने पर वह सब कुछ समझ सकता था। वह उन्हें छोटी-सी प्रिंटिंग प्रेस में टाइपसेट करते हुए, या किताबों और कागजों से अँटी पड़ी मेज पर जल्दी-जल्दी कुछ लिखते हुए देख सकता

था। और उसे वे विचित्र-सी शामें दिखाई दे रही थीं जब शहर के मजदूर बुरे काम करनेवालों की तरह अँधेरे में चुपके-चुपके उसके पिता से मिलने आते थे और घंटों बातें करते रहते थे। उस वक्त वह कोने में लेटा अकसर उनकी अबूझ बातें सुना करता था।

उसे स्पाइडर हैगर्टी की कहीं दूर से आती हुई-सी आवाज सुनाई दी : "शुरू में ही लुढ़क मत जाना। यही कहलाया गया है। थोड़ी मार सह लो, तुम्हें पैसे मिल जायेंगे।"

दस मिनट बीत चुके थे और वह अब भी अपने कोने में बैठा हुआ था। डैनी का कुछ अता-पता नहीं था। साफ था कि वह अपनी चाल को आखिरी सीमा तक खींचना चाह रहा था।

रिवेरा की आँखों के सामने से जलते हुए दृश्य गुजरते रहे। उसे वह हड़ताल, बल्कि तालाबन्दी दिखाई दी जब रिओ ब्लांको के मजदूरों ने प्यूब्ला के अपने हड़ताली भाइयों की मदद करने की सजा पाई थी। भूख, बेरियाँ चुनने के लिए पहाड़ियों में भटकना, जड़ें और बूटियाँ जिन्हें सब खाते थे और जो सब के पेटों में दर्द और ऐंठन पैदा करती थीं—और फिर उसने वह दुःस्वप्न एक बार फिर देखा : कम्पनी के गोदाम के सामने का खाली मैदान; भूख से मरते हजारों मजदूर; जनरल रोज़ालिओ मार्तीनेज़ और पोर्फिरिओ दिआज़ के सिपाही और उनकी मौत उगलनेवाली राइफलें जिनके मुँह कभी बन्द ही नहीं होते थे जबकि मजदूरों के 'जुर्म' के निशान उन्हीं के खून से बार-बार धोए जा रहे थे। और वह रात! उसने मालगाड़ी के डिब्बों में लाशों के ढेर देखे जिन्हें वेरा क्रुज़ ले जाया जा रहा था, खाड़ी की शार्क मछलियों का चारा बनने के लिए। खून से सने ढेरों में रेंगते हुए उसने अपने माँ और बाप को ढूँढ़ निकाला था; उनके कपड़े तार-तार थे और शरीर क्षत-विक्षत। उसे खासतौर पर अपनी माँ की याद थी—सिर्फ उसका चेहरा बाहर निकला था, उसका शरीर दर्जनों लाशों के वजन से दबा हुआ था। एक बार फिर पोर्फिरिओ दियाज़ के सिपाहियों की राइफलें कड़कीं और एक बार फिर वह जमीन से चिपक गया और फिर शिकारियों से बचती किसी पहाड़ी लोमड़ी की तरह वहाँ से निकल गया।

समुद्र की गरज जैसा तेज शोर उसके कानों में पहुँचा और उसने देखा कि डैनी वार्ड स्टेडियम के बीच वाले रास्ते से आ रहा है। ट्रेनरों और सहयोगियों का दल-बल उसके पीछे-पीछे था। दर्शक इस लोकप्रिय हीरो का जोर-शोर से स्वागत कर रहे थे जिसका जीतना पहले से तय था। हर कोई उसका नाम पुकार रहा था। हर कोई उसी की ओर था। यहाँ तक कि, जब डैनी बाँके अन्दाज में झुककर रस्सियों के बीच से रिंग में आया तो खुद रिवेरा के सहयोगियों के चेहरे खिल गये। उसका चेहरा कभी खत्म न होनेवाली मुस्कान से फैला हुआ था और जब डैनी मुस्कुराता था तो उसके

चेहरे के हर अंग से मुस्कान फूटी पड़ती थी। इतना मिलनसार फाइटर शायद ही कभी रहा हो। उसका चेहरा खुशमिजाजी और दोस्ताने का चलता-फिरता विज्ञापन था। वह जैसे हर किसी को जानता था। वह मजाक कर रहा था, हँस रहा था और रस्सियों के बीच से अपने दोस्तों का अभिवादन कर रहा था। दूर की सीटों पर बैठे हुए लोग भी अपने को रोक नहीं पा रहे थे और जोर-जोर से उसका नाम पुकार रहे थे। स्नेह और सराहना की यह खुशियोंभरी बौछार पूरे पाँच मिनट तक चलती रही।

रिवेरा की ओर किसी ने ध्यान भी नहीं दिया। दर्शकों के लिए मानो उसका अस्तित्व ही नहीं था। स्पाइडर हैगर्टी का शराब से सूजा हुआ चेहरा उसके चेहरे के पास झुक आया।

"डरना मत।" स्पाइडर ने चेताया।

"और हिदायतें याद रखना। तुम्हें हर हाल में टिके रहना है। लुढ़कना नहीं। अगर तू लुढ़का तो हमें कहा गया है कि ड्रेसिंग रूम में तेरी अच्छी धुलाई करें। समझ गया? तुझे बस लड़ना है।"

दर्शक तालियाँ बजाने लगे थे। डैनी रिंग पार करते हुए उसकी ओर आ रहा था। डैनी झुका, रिवेरा का दाहिना हाथ अपने दोनों हाथों में लिया और बड़े जोर-शोर से हिलाया। मुस्कान में लिपटा डैनी का चेहरा उसके करीब था। दर्शक खेलभावना के इस प्रदर्शन पर खुश होकर चीख रहे थे और सीटियाँ बजा रहे थे। डैनी अपने बैरी से भाई की तरह अपनेपन से मिल रहा था। डैनी के होंठ हिले और दर्शकों ने अनसुने शब्दों को एक भलेमानस खिलाड़ी की बातें समझकर फिर से शोर मचाया। सिर्फ रिवेरा ने नीची आवाज में कहे गये ये शब्द सुने।

"गन्दे मेक्सिकन चूहे," डैनी के मुस्कुराते होंठों से यह फुफकार निकली, "मैं तेरा मलीदा बनाके रख दूँगा।"

रिवेरा खामोश बैठा रहा। वह अपनी जगह से उठा नहीं। बस, उसकी आँखों से नफरत बरस रही थी।

"खड़े तो हो जा, कुत्ते!" पीछे की कतारों से कोई चिल्लाया।

उसके इस गैर खिलाड़ियाना बर्ताव पर दर्शक उसके खिलाफ चीखने और हूटिंग करने लगे, लेकिन वह चुपचाप बैठा रहा। वापस अपने कोने में लौटते हुए डैनी का एक बार फिर तालियों की गड़गड़ाहट से स्वागत हुआ।

डैनी के गाउन उतारते ही चारों ओर खुशी से ओह-आह की आवाजें गूँजने लगीं। उसका बदन एकदम नपा-तुला और सुगठित था, उसमें फुर्ती और ताकत दोनों थी और वह भरपूर स्वास्थ्य से दमक रहा था। उसकी त्वचा औरतों की तरह स्निग्ध और गोरी थी। उसके भीतर लय, लोच और शक्ति भरी हुई थी। बीसियों मुकाबलों में उसने इसे साबित किया था। उसकी तस्वीरें खेल और शरीर-सौष्ठव की तमाम पत्रिकाओं

में छायी रहती थीं।

जब स्पाइडर हैगर्टी ने रिवेरा का स्वेटर उसके सिर के ऊपर से खींचकर निकाला तो स्टेडियम में एक कराह-सी गूँज गई। उसके साँवलेपन की वजह से उसका बदन और भी दुबला दिखता था। उसकी भी मांसपेशियाँ थीं लेकिन वे उसके प्रतिद्वन्द्वी की तरह उभरी हुई नहीं थीं। पर दर्शक यह नहीं देख सके कि उसका सीना कितना गहरा था। न ही वे इस बात का अनुमान लगा सकते थे कि उसके बदन का रेशा-रेशा कैसा सख्त था, उसकी मांसपेशियाँ कितनी चपल थीं और उसकी नस-नस में दौड़ रही बिजली ने किस तरह उसे एक शानदार लड़ाकू मशीन में तब्दील कर दिया था। दर्शकों को बस यही दिखाई दिया कि उनके सामने भूरी चमड़ीवाला अठारह साल का एक लड़का खड़ा था जिसका शरीर लड़की जैसा था। डैनी की बात अलग थी। डैनी चौबीस साल का मर्द था और उसका शरीर परिपक्व आदमी का शरीर था। यह वैषम्य उस वक्त और भी साफ दिखने लगा जब वे रिंग के बीचोबीच खड़े होकर रेफरी की हिदायतें सुन रहे थे।

रिवेरा ने देखा कि राबर्ट्स अखबारवालों के ठीक पीछे बैठा हुआ है। वह आम दिनों से ज्यादा नशे में था और उसकी बोली भी उसी अनुपात में और सुस्त हो गई थी।

“घबराना मत, रिवेरा,” राबर्ट्स ने अपने खास लहजे में कहा। “वह तुम्हारी जान नहीं ले सकता, यह बात याद रखना। शुरू होते ही वह तुम पर झपटेगा, लेकिन हड़बड़ाना मत। तुम बस उसे रोकना और पकड़ लेना। वह ज्यादा नुकसान नहीं पहुँचा पायेगा। बस, खुद को यह यकीन दिला लो कि वह ट्रेनिंग अखाड़े में तुम पर मुक्के आजमा रहा है।”

रिवेरा ने ऐसा कोई संकेत नहीं दिया कि उसने सुना हो।

“मनहूस शैतान!” राबर्ट्स बगल में बैठे व्यक्ति से बड़बड़ाया। “वह हमेशा से ऐसा ही है।”

लेकिन रिवेरा अपनी नफरतभरी नजर उधर डालना भूल गया। उसकी आँखों के सामने अनगिनत राइफलों की तस्वीर कौंध गई। उसकी नजर जहाँ तक पहुँच रही थी, एक-एक दर्शक का चेहरा राइफल में बदल गया था। उसने बंजर, उजाड़ और धूप से नहाये मेक्सिको के सीमावर्ती इलाके देखे और उसने सीमा के पास उन खस्ताहाल दस्तों को देखा जो सिर्फ बन्दूकों के इन्तजार में रुके हुए थे।

अपने कोने में लौटकर वह खड़ा इन्तजार कर रहा था। उसके सहयोगी कैनवस का स्टूल अपने साथ लेकर रस्सियों के बीच से रेंगकर निकल रहे थे। रिंग के दूसरे कोने पर डैनी उसके सामने खड़ा था। घंटा बजा और लड़ाई शुरू हो गई। दर्शक खुशी से चीख रहे थे। उन्होंने अब तक इतनी खुली लड़ाई नहीं देखी। अखबारों का कहना

सही था। यह रंजिश से भरा मुकाबला था। डैनी ने तीन-चौथाई दूरी झपटते हुए पार की, मेक्सिकन छोकरे की धज्जियाँ उड़ा देने का उसका इरादा एकदम साफ था। उसने एक घूँसा नहीं चलाया, न दो, न एक दर्जन। वह घूँसों की बौछार कर रहा था, वह बर्बादी के तूफान की तरह था। रिवेरा कुछ नहीं कर पा रहा था। वह बिल्कुल कुचल-सा गया था, मुक्केबाजी की कला के धुरन्धर उस्ताद द्वारा हर कोण और हर दिशा से बरसाये जा रहे मुक्कों की बाढ़ में डूब-सा गया था। उसके पाँव उखड़ गये, वह रस्सियों पर जा गिरा, रेफरी ने उसे अलग किया और वह फिर से रस्सियों पर जा गिरा।

यह मुकाबला नहीं था। यह वध था, कत्लेआम था। इनामी लड़ाइयों के अभ्यस्त दर्शकों के अलावा और कोई भी होता तो इस एक मिनट में ही उसके भावावेगों ने उसे निचोड़ डाला होता। डैनी वाकई दिखा रहा था कि वह क्या कर सकता है—यह एक जबर्दस्त प्रदर्शन था। दर्शक नतीजे को लेकर इतने आश्वस्त थे, और वे इतने एकतरफा और इतने उत्तेजित थे कि इस ओर उनका ध्यान ही नहीं गया कि मेक्सिकन अब भी अपने पैरों पर खड़ा था। वे रिवेरा को भूल ही गये। डैनी के हिंसक आक्रमण में वह इस कदर दबा हुआ था कि वे मुश्किल से ही उसे देख पा रहे थे। इस तरह एक मिनट गुजरा, फिर दो मिनट। और जब रेफरी ने उन्हें अलग किया तभी दर्शकों को मेक्सिकन की साफ झलक दिखाई दी। उसका होंठ कट गया था, उसकी नाक से खून बह रहा था। जब वह मुड़ा और लड़खड़ाते हुए डैनी से गुत्थम-गुत्था हो गया तो रस्सियों की रगड़ से उसकी पीठ पर पड़ी लाल धारियाँ दिखाई दीं जिनसे खून चुहचुहा रहा था। लेकिन दर्शक जो नहीं देख सके वह यह था कि उसकी छाती धौंकनी की तरह नहीं चल रही थी और उसकी आँखों में हमेशा की तरह ठण्डी आग थी। ट्रेनिंग कैम्प के क्रूर अखाड़े में बहुत-से उभरते हुए चैम्पियनों ने इस हिंसक आक्रमण का अभ्यास उस पर किया था। रोज के आधे डालर से हफ्ते के पन्द्रह डालर पाने तक वह इसे झेलना बखूबी सीख गया था—अखाड़ा एक सख्त स्कूल था, और उसने बहुत सख्ती से सबक सीखा था।

तभी वह अचम्भा हुआ। तेजी से घूमता, धुँधलाता घालमेल अचानक थम गया। रिवेरा अकेला खड़ा था। डैनी, विश्वसनीय डैनी, चारों खाने चित पड़ा था। उसके होश वापस लौटने की कोशिश कर रहे थे जिससे उसके शरीर में थरथराहट हो रही थी। वह लड़खड़ाकर भहराया नहीं था, और न ही उसके घुटनों ने धीरे-धीरे जवाब दे दिया था। रिवेरा के दाहिने हाथ के नीचे से उठे घूँसे ने उसे बीच हवा में अचानक ढेर कर दिया था। रेफरी ने एक हाथ से रिवेरा को पीछे धकेला और धराशायी ग्लैडिएटर के पास खड़े होकर सेकण्ड गिनने लगा। इनामी मुक्केबाजी देखनेवाले सीधे धराशायी कर देनेवाले ऐसे प्रहारों पर जमकर तालियाँ पीटते और शोर मचाते हैं। लेकिन इन दर्शकों

ने कोई हर्षध्वनि नहीं की। रिंग में जो हुआ, उसकी किसी को जरा भी उम्मीद नहीं थी। वे तनावभरी खामोशी के बीच गिनती देखते रहे, और खामोशी के बीच राबट्र्स का उल्लसित स्वर गूँज उठा :

"मैंने कहा था न, उसके दोनों हाथ चलते हैं।"

पाँचवें सेकण्ड पर डैनी ने करवट बदली और सात गिने जाने तक वह एक घुटना जमीन पर टिकाकर बैठ चुका था। वह नौ गिने जाने के बाद और दस गिने जाने के पहले उठ खड़ा होने के लिए तैयार था। उसके घुटने के फर्श छोड़ते ही उसे 'उठा' हुआ मान लिया जाता और उसी क्षण रिवेरा को इस बात का हक मिल जाता कि वह फिर से उसे गिराने की कोशिश करे। रिवेरा कोई मौका नहीं देना चाहता था। घुटना फर्श से अलग होते ही वह वार करेगा। वह डैनी के इर्द-गिर्द घूम रहा था, लेकिन रेफरी दोनों के बीच घूमने लगा और रिवेरा जान गया कि वह बहुत धीरे-धीरे गिनती कर रहा है। सारे ग्रिंगो उसके खिलाफ थे, यह रेफरी भी।

'नौ' पर रेफरी ने रिवेरा को पीछे की ओर तेज धक्का दिया। यह एकदम गलत था, लेकिन इसने डैनी को उठने का मौका दे दिया। उसके चेहरे पर मुस्कान लौट आई। अपनी बाँहों से चेहरे और पेट को ढँके हुए, वह लड़खड़ाते हुए बड़ी चतुराई से आकर रिवेरा से चिपट गया। खेल के नियमों के मुताबिक रेफरी को उसे अलग करना चाहिए था, पर उसने नहीं किया, और डैनी जोंक की तरह चिपका रहा और हर बीतते पल के साथ अपनी ताकत वापस पाता गया। राउण्ड का आखिरी मिनट तेजी से बीत रहा था। अगर वह अन्त तक टिक गया तो उसे अपने कोने में पूरे एक मिनट का समय मिल जायेगा। और वह अन्त तक टिका रहा—बदहवासी और बेहाली के बावजूद मुस्कुराते हुए।

"क्या मुस्कान चिपकाई है, गिरती ही नहीं!" कोई जोर से चिल्लाया, और राहत महसूस कर रहे दर्शक जोर से हँस पड़े।

"सुअर का बच्चा, हाथ है या हथौड़ा," डैनी ने अपने कोने में ट्रेनर से हाँफते हुए कहा। उसके सहायक पागलों की तरह उसे पोंछने और मालिश में जुटे थे।

दूसरे और तीसरे राउण्ड में कुछ खास नहीं हुआ। डैनी चालाक और घुटा हुआ खिलाड़ी था। वह रिवेरा के मुक्कों से बचता और उन्हें रोकता रहा और किसी तरह बस अखाड़े में जमा रहा। उसका सारा ध्यान पहले राउण्ड की सन्न कर देनेवाली चोट से उबरने पर था। चौथे राउण्ड में वह फिर अपने रंग में आ चुका था। उसे तगड़ा झटका लगा था, लेकिन अपने अच्छे खाये-पिये शरीर की बदौलत उसकी शक्ति और ऊर्जा लौट आई थी। लेकिन अब उसने प्रतिद्वंद्वी पर एकदम से हावी होने का दाँव आजमाने की कोशिश नहीं की। यह मेक्सिकन तो एकाएक टूट पड़नेवाला क्रुद्ध तातार साबित हुआ था।

डैनी ने मुक्केबाजी का अपना सारा कौशल झोंक दिया। दाँव-घात, तकनीकी कुशलता और अनुभव के मामले में वह उस्ताद था, और हालाँकि वह कोई जोरदार चोट नहीं कर पाया लेकिन उसने प्रतिद्वन्द्वी को बड़े योजनाबद्ध ढंग से थकाना और कमजोर करना शुरू कर दिया। रिवेरा के एक के मुकाबले उसके तीन घूँसे निशाने पर बैठते थे, लेकिन वे बस चोट पहुँचानेवाले थे, घातक नहीं। पर ऐसी कई चोटें मिलकर घातक बन सकती थीं। वह इस दोहत्थे लड़ाके को अब पूरा मान दे रहा था, जिसके दोनों मुक्कों में गजब की तेजी थी।

बचाव में रिवेरा ने प्रतिद्वन्द्वी को विचलित कर देनेवाले सीधे बाएँ घूँसे का सहारा लिया। बार-बार, हर हमले के जवाब में, उसके दाएँ हाथ का सीधा घूँसा डैनी के मुँह और नाक पर आकर लगता। लेकिन डैनी के तरकश में बहुत-से तीर थे। इसीलिए उसे भावी चैम्पियन माना जा रहा था। वह जब चाहे, लड़ने की शैली बदल लेने में माहिर था। अब उसने नजदीक रहकर लड़ने की शैली अपनाई। इससे वह सामनेवाले के सीधे बाएँ घूँसे से बच सकता था और अपनी सारी धूर्तता का बखूबी इस्तेमाल कर सकता था। उसकी नई चाल पर दर्शक खुशी से पागल हो उठे और फिर उसने फुर्ती से खुद को रिवेरा की पकड़ से अलग किया और नीचे से उठते हुए एक जबर्दस्त घूँसा लगाया जिससे मेक्सिकन हवा में उछल गया और चारों खाने चित मैट पर गिर गया। रिवेरा जल्दी ही उठ गया और एक घुटने पर टिककर गिनती के समय का पूरा फायदा उठाने की कोशिश कर रहा था, हालाँकि उसका दिल कह रहा था कि रेफरी के सेकण्ड अब छोटे हो रहे हैं।

सातवें राउण्ड में, डैनी एक बार फिर अपना शैतानी इनसाइड अपरकट लगाने में कामयाब रहा। इस बार रिवेरा गिरा नहीं, बस लड़खड़ा गया लेकिन असहायता के उसी एक क्षण में डैनी ने एक और ताकतवर वार किया जिससे वह रस्सियों के बीच से रिंग के बाहर बैठे अखबारवालों के ऊपर जा गिरा। उन्होंने उसे हाथ लगाकर रिंग के चबूतरे पर वापस पहुँचा दिया। वहाँ, रस्सियों के बाहर, वह एक घुटने पर इन्तजार कर रहा था और रेफरी तेजी से सेकण्ड गिने जा रहा था। उसे झुककर रस्सियाँ पार करनी होंगी, और सामने डैनी उसके इन्तजार में था। रेफरी ने न तो दखल दी, न डैनी को पीछे धकेला।

दर्शक खुशी से बौराये जा रहे थे।

"मार दे, डैनी, मार दे इसे!" कोई जोर से चीखा।

बीसियों आवाजों ने फौरन इसे लपक लिया और थोड़ी ही देर में यह भेड़ियों का युद्धनाद बन गया।

डैनी ने पूरी कोशिश की, लेकिन रिवेरा अप्रत्याशित ढंग से नौ के बजाय आठ की गिनती पर ही रस्सियों के बीच से निकलकर उससे लिपट गया। अब रेफरी हरकत

में आया और उसे खींचकर अलग कर दिया ताकि उस पर वार किया जा सके। वह डैनी को हर वह लाभ देने की कोशिश कर रहा था जो एक बेईमान रेफरी दे सकता है।

लेकिन रिवेरा टिका रहा, और उसके दिमाग की चकराहट दूर हो गई। सब के सब मिले हुए थे। ये सब घृणित ग्रिंगो थे और सबके सब बेईमान थे। और इस सबके बीच उसके दिमाग में तस्वीरें कौंधती रहीं, चमकती रहीं—रेगिस्तान में झिलमिलाती लम्बी रेल-लाइनें; जनरल के सिपाही और अमेरिकी पुलिसिए, जेलें और काल-कोठरियाँ, तालाबों के किनारे बेघर-बेरोजगारों की भीड़—रिओ ब्लांका और हड़ताल के बाद की लम्बी यात्रा के तमाम तकलीफदेह और दर्दभरे मंजर उसकी आँखों के सामने आ-जा रहे थे। और फिर उसने देखा, दैदीप्यमान और तेजस्वी महान लाल क्रान्ति को अपने देश पर छाते हुए। इसके लिए जरूरी थीं बन्दूकें, जो उसके सामने थीं। हर घृणित चेहरा एक बन्दूक था। वह लड़ रहा था बन्दूकों के लिए। उसे लगा, वह बन्दूकों का जखीरा है। वह क्रान्ति है। वह सारे मेक्सिको के लिए लड़ रहा था।

रिवेरा पर दर्शकों का गुस्सा अब भड़कने लगा था। वह पिटकर हार क्यों नहीं मानता, जिसके लिए उसे रखा गया है? उसे पिटना तो है ही, फिर वह इतना अड़ियलपना क्यों दिखा रहा है? बहुत कम लोगों की उसमें दिलचस्पी थी, और वे हर जुआड़ी भीड़ का वह छोटा-सा, पर निश्चित हिस्सा थे जो दूर का दाँव खेलती है। वे भी मानते थे कि डैनी जीतेगा, पर उन्होंने 4-10 और 1-3 के भाव से मेक्सिकन पर दाँव लगाया था। काफी पैसा इस बात पर भी लगा था कि रिवेरा कितने राउण्ड तक टिक सकेगा। रिंग के बाहर इस बात पर धड़ाधड़ पैसे बटोरे गये थे कि वह छः या सात राउण्ड पार नहीं कर पायेगा। इसके विजेता, खुशी-खुशी अपना पैसा वसूल कर लेने के बाद अब सबके पसन्दीदा मुक्केबाज का हौसला बढ़ाने में जुट गये थे।

रिवेरा हार मानने को तैयार नहीं था। पूरे आठवें राउण्ड के दौरान उसका प्रतिद्वन्द्वी अपने घातक अपरकट को दोहराने की नाकाम कोशिश करता रहा। नवें राउण्ड में, रिवेरा ने एक बार फिर दर्शकों को स्तब्ध कर दिया। डैनी उसे दबोचे हुए था कि उसने एक तेज, फुर्तीली हरकत से उसकी पकड़ तोड़ी और दोनों शरीरों के बीच की संकरी जगह में उसका दाहिना मुक्का कमर से एकदम ऊपर उठा। डैनी फर्श पर छितरा गया और रेफरी की धीमी गिनती फिर उसका सहारा बनी। भीड़ भौचक थी। डैनी अपने ही दाँव से मात खा रहा था। उसका प्रसिद्ध राइट अपरकट उसी पर आजमाया गया था। 'नौ' पर उसके उठने पर रिवेरा ने वार करने की कोशिश नहीं की। रेफरी ऐसा करने का रास्ता रोके हुए था, हालाँकि जब हालात उलट थे और रिवेरा उठना चाह रहा था तो वह किनारे खड़ा था।

दसवें राउण्ड में रिवेरा ने दो बार राइट-अपरकट जड़ा, कमर से उठता हुआ

मुक्का सीधे प्रतिद्वन्द्वी की ठोड़ी पर। डैनी बदहवास हो गया। मुस्कान अब भी उसके चेहरे पर चिपकी थी, लेकिन वह फिर हावी होने की कोशिश में रिवेरा पर झपटने लगा। वह बेतहाशा मुक्कों की बौछार कर रहा था, पर रिवेरा को नुकसान नहीं पहुँचा पा रहा था जबकि उसकी तमाम फूं-फां और चकरघिन्नी नाच के बीच रिवेरा ने उसे एक के बाद एक, तीन बार ढेर कर दिया। डैनी अब इतनी जल्दी चोट से उबर नहीं पा रहा था और ग्यारहवें राउण्ड तक उसकी दशा गम्भीर हो गई। लेकिन तब से लेकर चौदहवें राउण्ड तक उसने अपने कैरियर का बेहतरीन प्रदर्शन किया। वह बचता और मुक्के रोकता रहा, खुद बड़ी किफायतशारी से मुक्के चलाये और अपनी ताकत फिर से हासिल करने की कोशिश करता रहा। और इसके साथ ही वह जमकर 'फाउल' खेला, जिसमें हर कामयाब मुक्केबाज माहिर होता है। उसने हर चाल, हर तिकड़म का इस्तेमाल किया। कभी पकड़ने के दौरान इस तरह धक्का मारना जैसे अनजाने में हुआ हो, कभी रिवेरा का दस्ताना अपनी बाँह और शरीर के बीच दबा लेना तो कभी अपना दस्ताना इस तरह रिवेरा के मुँह पर दबाना कि वह साँस न ले सके। अकसर, उससे चिपटने के दौरान अपने कटे और मुस्कुराते होंठो के बीच से फुफकारते हुए वह रिवेरा के कानों में ऐसी घटिया और अपमानजनक बातें कहता था जिन्हें बयान नहीं किया जा सकता। रेफरी से लेकर दर्शकों तक, हर कोई डैनी के साथ था और डैनी की मदद कर रहा था। और वे जानते थे कि उसके दिमाग में क्या चल रहा है। इस अनजान छुपे रुस्तम से पछाड़ खाये डैनी की सारी उम्मीदें एक जबर्दस्त घूँसे पर टिकी थीं। कभी वह रिवेरा को वार करने का मौका देता, कभी लड़खड़ाने का नाटक करता, कभी जानबूझकर गलती करता, उसे करीब आने के लिए ललचाता—वह बस एक मौके की ताक में था कि अपनी पूरी ताकत लगाकर ऐसा घूँसा जड़ सके जिससे पासा पलट जाये। इसके बाद, वह ताबड़तोड़ दाएँ और बाएँ मुक्के लगा सकता था, एक सौर जालिका पर और एक जबड़े पर, जैसाकि उससे पहले एक महान मुक्केबाज ने किया था। वह ऐसा कर सकता था, क्योंकि वह इस बात के लिए मशहूर था कि जब तक वह अपने पैरों पर टिका रहता था, तब तक उसकी बाँहों में भी वार करने की ताकत रहती थी।

रिवेरा के सहायक राउण्ड के बीच के अन्तराल में उसका बहुत ही कम खयाल रख रहे थे। वे तौलिए चलाने का दिखावा तो करते थे लेकिन इससे हाँफते रिवेरा के फेफड़ों में बहुत कम हवा आती थी। स्पाइडर हैगर्टी उसे सलाह देता था, लेकिन रिवेरा जानता था कि यह सलाह गलत होती थी। हर कोई उसके खिलाफ था। वह कपटियों से घिरा हुआ था। चौदहवें राउण्ड में उसने फिर डैनी को धूल चटाई और रेफरी की गिनती के दौरान चुपचाप विश्राम की मुद्रा में खड़ा रहा। पिछले कुछ समय से रिवेरा का ध्यान दूसरे कोने में चल रही खुसर-पुसर की ओर भी था। उसने माइकल केली

को राबर्ट्स के पास जाते और झुककर फुसफुसाती आवाज में कुछ कहते देखा। रेगिस्तानी इलाके में पले रिवेरा के कान बिल्ली जैसे तेज थे और बातचीत के कुछ टुकड़े उसने सुन लिए थे। वह और सुनना चाहता था, इसलिए जब उसका प्रतिद्वंद्वी उठा तो वह लड़ते-लड़ते उसे दूसरे कोने में ले आया और उससे चिपटकर रस्सियों से जा लगा।

"करना ही पड़ेगा।" उसने माइकल को कहते सुना और राबर्ट्स ने सिर हिलाया।

"डैनी को जीतना ही होगा—मेरा तो दिवाला निकल जायेगा—मैंने बेहिसाब पैसा लगा रखा है—मेरा अपना पैसा। अगर वह पन्द्रहवाँ राउण्ड पार कर गया तो मैं गया काम से! लड़का तुम्हारी बात मानेगा—समझाओ उसे।"

और इसके बाद रिवेरा की आँखों में और कोई दृश्य नहीं कौंधा। वे उसका सौदा कर रहे थे। एक बार फिर उसने डैनी को ढेर किया और दोनों बाजू लटकाये आराम से खड़ा रहा। राबर्ट्स अपनी सीट से उठा।

"बस, निपट गया," उसने कहा। "अपने कोने में जाओ।"

वह अधिकारपूर्वक बोला था, जिस लहजे में वह अखाड़े में रिवेरा से अकसर ही बोलता था। लेकिन रिवेरा ने उसे नफरत से देखा और डैनी के उठने का इन्तजार करता रहा। एक मिनट के अन्तराल में प्रमोटर केली रिवेरा के पास आया।

"हार जा तू, समझा," उसने तीखी, पर धीमी आवाज में कहा। "तुझे हारना ही होगा, रिवेरा! मेरी बात मान, मैं तेरी तकदीर बदल दूँगा। मैं तुझे अगली बार डैनी को पटरा कर लेने दूँगा, पर यहाँ तुझे चित होना पड़ेगा।"

रिवेरा ने आँखों से यह दिखा दिया कि उसने सुन लिया है, लेकिन उसने सहमति या असहमति का कोई संकेत नहीं दिया।

"तू बोलता क्यों नहीं?" केली ने गुस्से से पूछा।

"तू हर हाल में हारेगा," स्पाइडर हैगर्टी ने बीच में जोड़ा। "रेफरी तुझे जीतने नहीं देगा। केली की बात सुन और लम्बलेट हो जा।"

"इस बार छोड़ दे, मेरे बच्चे," केली ने बड़ी आजिजी से कहा। "मैं तुझे चैम्पियनशिप तक पहुँचा दूँगा।"

रिवेरा ने जवाब नहीं दिया।

"मैं वाकई ऐसा करूँगा; अभी मेरी मदद कर दे, बच्चे!"

घंटा बजते ही रिवेरा को लगा कि कुछ होनेवाला है। दर्शकों को कुछ पता नहीं लगा। जो भी होना था, वह रिंग के भीतर था और बहुत करीब था। डैनी का पहलेवाला यकीन जैसे लौट आया था। जिस आत्मविश्वास से वह उसकी ओर बढ़ा, उससे रिवेरा डर गया। कोई चाल चली जानेवाली थी। डैनी झपटा, लेकिन रिवेरा ने भिड़ने से इनकार कर दिया। वह किनारे हट गया। सामनेवाला उसे दबोचना चाहता

था। उसकी चाल के लिए यह किसी रूप में जरूरी था। रिवेरा पीछे हटता और गोल दायरे में घूमकर अलग हटता रहा, लेकिन वह जानता था कि देर-सबेर वह पकड़ और फिर वह चाल आनी ही है। कोई चारा न देख उसने तय किया कि वह खुद ही इसका मौका देगा। अगली बार डैनी के झपटने पर उसने ऐसा दिखाया मानो पकड़ना चाहता हो। इसके बजाय, आखिरी पल में, ठीक उस वक्त जब उनके शरीर एक-दूसरे से टकराते, रिवेरा फुर्ती से उछलकर पीछे हट गया। और उसी पल डैनी के कोने से 'फाउल-फाउल' का शोर उठा। रिवेरा ने उन्हें चकमा दे दिया था। रेफरी असमंजस में रुक गया। पर उसके होंठों पर थरथराता फैसला सुनाया नहीं गया क्योंकि दर्शक दीर्घा से किसी लड़के की तीखी आवाज गूँज उठी, "कमाल कर दिया!"

डैनी ने अब खुलेआम रिवेरा को गाली बकी और उसे लड़ने के लिए मजबूर करने की कोशिश की, पर रिवेरा ने थिरकते हुए उससे दूरी बनाये रखी। रिवेरा ने यह भी मन बना लिया कि वह शरीर पर कोई वार नहीं करेगा। ऐसा करके वह जीतने का आधा मौका तो ऐसे ही गँवा दे रहा था, लेकिन वह जानता था कि अगर उसे जीतना है तो उसके पास बस दूर रहकर लड़ने का ही मौका है। जरा-सा मौका मिलते ही वे उसे फाउल करार देंगे। डैनी ने अब हर तरह की सावधानी ताक पर धर दी। दो राउण्ड तक वह लड़के पर झपटता रहा, उसे ठोंकता रहा जो उसके करीब आने की हिम्मत नहीं कर रहा था। रिवेरा पर बार-बार चोटें पड़ रही थीं; उसने डैनी की उस खतरनाक पकड़ से बचने के लिए दर्जनों वार झेले। डैनी की इस शानदार वापसी ने दर्शकों को दीवाना कर दिया। लोग अपनी जगहों पर खड़े हो गये थे। उन्हें कुछ समझ नहीं आ रहा था। वे बस यही देख पा रहे थे कि आखिरकार उनका प्रिय खिलाड़ी जीत रहा था।

"तू लड़ता क्यों नहीं?" वे नफरतबुझे लहजे में रिवेरा पर चिल्ला रहे थे।

"ओय पीली चमड़ीवाले!"..."लड़, पिल्ले, लड़!"..."मार डाल साले को, डैनी! मार इसे!"..."अब वो तेरा है! मार साले को!"

पूरे स्टेडियम में, रिवेरा अकेला इनसान था जिसके होशोहवास काबू में थे। मिजाज में वह उन सबसे गर्म था; लेकिन वह इतनी बार इससे कहीं ज्यादा गर्म हालात से गुजर चुका था कि दस हजार कण्ठों से फूटता और एक के बाद एक लहरों की तरह चढ़ता सामूहिक उन्माद उसके लिए गर्मियों की ढलती शाम की सुहानी ठण्डक से ज्यादा कुछ नहीं था।

डैनी ने सत्रहवें राउण्ड में भी घूँसों की बौछार जारी रखी। एक जोरदार वार खाकर रिवेरा गिरते-गिरते बचा; वह झूल-सा गया, उसके बाजू बेजान से लटक गये और वह लड़खड़ाता हुआ पीछे हटा। डैनी ने सोचा, यही मौका है। लड़का अब उसकी दया पर था। रिवेरा ने इस स्वांग से उसे एकदम असावधान कर दिया और फिर सीधे

मुँह पर एक करारा मुक्का जड़ दिया। डैनी पसर गया। जब वह उठा तो रिवेरा ने गर्दन और जबड़े पर दाहिने हाथ के घूँसे से उसे फिर ढेर कर दिया। तीन बार यही चीज दोहराई गई। किसी भी रेफरी के लिए इन मुक्कों को 'फाउल' घोषित करना नामुमकिन था।

"अरे बिल! कुछ करो बिल!" केली रेफरी से गिड़गिड़ाया।

"मैं कुछ नहीं कर सकता," उसने मुँह लटकाकर जवाब दिया। "वह कोई मौका ही नहीं देता।"

बुरी तरह पिटा हुआ डैनी बहादुरी से उठने की कोशिश करता रहा। केली और रिंग के पास खड़े दूसरे लोग इसे रोकने के लिए पुलिस को आवाज देने लगे, हालाँकि डैनी का कोना हार मानने को तैयार नहीं था। रिवेरा ने मोटे पुलिस कप्तान को अटपटे ढंग से रस्सियों से होकर ऊपर आने की कोशिश करते देखा। वह ठीक से समझ नहीं पा रहा था कि इसका क्या मतलब है। ग्रिंगो लोगों के इस खेल में धोखाधड़ी के कितने ही तरीके थे। डैनी अब अपने पैरों पर था और उसके सामने असहाय और चकराया हुआ-सा लड़खड़ा रहा था। रेफरी और कप्तान रिवेरा को पकड़ने के लिए हाथ बढ़ा ही रहे थे कि उसने आखिरी वार किया। मुकाबला रोकने की अब कोई जरूरत नहीं थी क्योंकि डैनी अब उठा नहीं।

"गिनो!" रिवेरा भर्राई आवाज में रेफरी पर चीखा।

गिनती पूरी हो जाने पर डैनी के सहायक उसे बटोरकर उसके कोने में ले गये।

"कौन जीता?" रिवेरा ने जोर से पूछा।

रेफरी ने हिचकिचाते हुए उसका हाथ थामा और ऊपर उठा दिया।

रिवेरा को किसी ने बधाई नहीं दी। वह अकेला चलकर अपने कोने में आया, जहाँ उसके सहायकों ने अब तक उसका स्टूल नहीं रखा था। वह रस्सियों के सहारे पीछे झुक गया और अपनी आँखों की नफरत उन पर उड़ेल दी, फिर उसकी नफरतभरी नजर उसके चारों ओर घूम गई, उन सारे के सारे दस हजार ग्रिंगो को उसने चपेट में ले लिया। उसके घुटने काँप रहे थे और वह बेहद थकान के कारण सुबक रहा था। मितली और चकराहट के बीच उसकी आँखों के सामने वे घृणित चेहरे आगे-पीछे तैर रहे थे। फिर उसे याद आया कि ये बन्दूकें थीं। ये बन्दूकें उसकी थीं। क्रान्ति अब आगे बढ़ सकती थी।

किसी आदमी को मारना

धुँधली रोशनीवाले नाइट बल्ब ही जल रहे थे, पर वह सुपरिचित बड़े कमरों और चौड़े हॉलों से आसानी से गुजरते हुए कविता की वह किताब ढूँढ़ रही थी जिसे उसने आधा ही पढ़ा था और फिर कहीं रखकर भूल गई थी। अभी-अभी ही उसे इसकी याद आई थी। उसने ड्राइंगरूम की बत्ती जलाई तो दिखा कि वह गुलाबी रंग का एक हल्का और लम्बा गाउन पहने थी जिसके गले और कन्धों पर खूब सारी लेस लगी थीं। वह अभी अँगूठियाँ पहने हुए थी और सुनहरे बालों का जूड़ा अभी खोला नहीं गया था। उसकी सुन्दरता नर्मो-नाजुक और सलीकेवाली थी। उसका चेहरा अण्डाकार और सुकोमल था, होंठ सुर्ख लाल और गालों में हल्की रंगत थी, और उसकी नीली आँखें गिरगिटी किस्म की थीं जो मौके के मुताबिक कभी बच्चे-सी मासूमियत से चकित दिख सकती थीं, कभी सख्त और ठण्डी लगतीं और कभी उष्ण भावनाओं और अधिकारभाव से धधक सकती थीं।

उसने बत्तियाँ बुझा दीं और हॉल पार करके मॉर्निंग रूम की ओर चली गई। दरवाजे पर ठिठककर उसने सुनने की कोशिश की। आगे कहीं से एक आवाज आई थी, कोई शोर नहीं, बस कुछ हिलने की सरसराहट। वह यकीन से कह सकती थी कि उसने कुछ नहीं सुना, फिर भी कुछ था, कुछ अलग-सा हुआ था। रात के खामोश माहौल में कुछ खलल पड़ा था। वह सोचने लगी कि इस वक्त कौन-सा नौकर घूम रहा हो सकता है। बटलर तो नहीं हो सकता जो खास मौकों को छोड़ जल्दी सो जाने के लिए बदनाम था। यह उसकी नौकरानी भी नहीं थी क्योंकि उसे तो उसने शाम को ही छुट्टी दे दी थी।

वह आगे डाइनिंग-हॉल तक गई जिसका दरवाजा बन्द था। उसे खोलकर भीतर वह क्यों गई, वह नहीं जानती थी, बस उसे ऐसा लग रहा था कि उसकी परेशानी का सबब, चाहे वह जो भी हो, यहीं पर था। कमरे में अँधेरा था और वह टटोलते हुए बिजली के बटन तक पहुँची और उसे दबा दिया। रोशनी की चमक कौंधते ही वह एकदम से पीछे हटी और चीख पड़ी। उसके मुँह से सिर्फ 'ओह!' निकला और वह भी ऊँची आवाज में नहीं।

उसके सामने, बिजली के बटन की बगल में, दीवार से चिपका हुआ एक आदमी

था। उसके हाथ में एक रिवॉल्वर था जिसका रुख उसकी ओर था। इस आदमी को अचानक अपने सामने पाने से लगे झटके के बावजूद उसने ध्यान दिया कि हथियार काला और काफी लम्बी नालवाला था। काले रंग और लम्बी नाल से वह जान गई कि वह कोल्ट रिवॉल्वर था। वह मँझोले कद का आदमी था जिसने मामूली कपड़े पहन रखे थे। उसकी आँखें भूरी थीं और रंग धूप में झँवाया हुआ था। वह बिल्कुल शान्त दिख रहा था। रिवॉल्वर जरा भी काँप नहीं रहा था और उसके पेट की ओर तना था। रिवॉल्वरवाली बाँह आगे तनी हुई नहीं थी बल्कि उसकी कोहनी कमर पर टिकी हुई थी।

"ओह, माफ करना," महिला ने कहा। "तुमने मुझे चौंका दिया। क्या चाहिए तुम्हें?"

"मेरे खयाल से मैं यहाँ से निकलना चाहता हूँ," मजाकिया लहजे में होंठों को हल्का-सा टेढ़ा करते हुए आदमी ने जवाब दिया। "मैं इस भूलभुलैया में भटक गया हूँ और अगर आप कृपा करके मुझे बाहर का रास्ता दिखा दें तो मैं कोई गड़बड़ नहीं करूँगा और यहाँ से फूट लूँगा।"

"लेकिन तुम यहाँ कर क्या रहे हो?" महिला ने जवाब तलब किया। उसकी आवाज में वह कड़क थी जो अधिकार चलाने के आदी लोगों में आ जाती है।

'चोरी करने आया था, मिस जी, और क्या। मैं यहाँ ताक-झाँक कर रहा था कि क्या-क्या बटोरा जा सकता है। मैंने सोचा था कि आप घर पर नहीं होंगी क्योंकि मैंने आपको अपने बुढ़ऊ के साथ गाड़ी में जाते देखा था। मेरे खयाल से वह आपके पापा होंगे, और आप मिस सेटलिफ हैं।"

मिसेज सेटलिफ ने उसकी भूल देखी, अनजाने में की गई तारीफ को सराहा और तय किया कि उसका भ्रम दूर नहीं करेंगी।

"तुम्हें कैसे पता कि मैं मिस सेटलिफ हूँ?" उन्होंने पूछा।

"यह बूढ़े सेटलिफ का मकान है, है न?"

उन्होंने सिर हिलाकर हामी भरी।

"मुझे मालूम नहीं था कि उसकी कोई बेटी भी है, लेकिन मेरे खयाल से आप वही होंगी। और अब, अगर मैं आपको ज्यादा तंग न कर रहा होऊँ, तो कृपा करके मुझे बाहर जाने का रास्ता बता दें!"

"लेकिन मैं ऐसा क्यों करूँ? तुम एक डाकू हो, चोर हो।"

"अगर मैं कोई पेशेवर बदमाश होता तो शराफत बरतने के बजाय अब तक आपकी अँगूठियाँ बटोर रहा होता," उसने पलटकर जवाब दिया। "मैं बूढ़े सेटलिफ से कुछ कमाई करने आया था, औरतों को लूटने नहीं। अगर आप रास्ता छोड़ दें, तो मेरे खयाल से मैं खुद बाहर का रास्ता ढूँढ़ लूँगा।"

मिसेज सेटलिफ एक तेज औरत थीं और वह ताड़ गईं कि ऐसे आदमी से ज्यादा डरने की जरूरत नहीं थी। उन्हें यकीन हो गया कि वह खाँटी किस्म का अपराधी नहीं था। उसके लहजे से वह जान गई थीं कि वह शहर का रहनेवाला नहीं है और उन्हें मानो बड़े मैदानों की खुली उन्मुक्त हवा का आभास हो रहा था।

"अगर मैं चीख पड़ूँ तो?" उन्होंने कुतूहल से पूछा। "अगर मैंने मदद के लिए शोर मचा दिया तो? तुम मुझे गोली नहीं मार सकते? एक औरत को?"

उन्हें उसकी भूरी आँखों में घबराहट की एक झलक दिखाई दी। उसने धीरे-धीरे और सोचते हुए जवाब दिया, जैसे कोई मुश्किल सवाल हल कर रहा हो। "मेरे खयाल से, तब मुझे आपका मुँह बन्द करना होगा और आपकी कसकर ठुकाई करनी पड़ेगी।"

"एक औरत की?"

"मुझे करनी ही पड़ेगी।" उसने जवाब दिया और उन्होंने देखा कि उसका चेहरा सख्त हो गया।

"आप बस एक नाजुक औरत हैं, लेकिन आप खुद ही देखिए, मिस जी, मैं जेल तो नहीं जा सकता। नहीं मिस जी, मैं बिल्कुल नहीं जा सकता। दूर पश्चिम में मेरा दोस्त मेरा इन्तजार कर रहा है। वह मुसीबत में है और मुझे उसे बाहर निकालना है।" उसका चेहरा और भी सख्त हो गया। "शायद मैं आपको ज्यादा तकलीफ पहुँचाए बिना आपकी आवाज बन्द कर सकता हूँ।"

मिसेज सेटलिफ ने बच्चों जैसे मासूम अविश्वास से भरी गोल-गोल आँखों से उसे देखा।

"मैं पहले कभी किसी चोर से नहीं मिली हूँ," उन्होंने उसे आश्वस्त किया, "और मैं तुम्हें बता नहीं सकती कि मुझे कितनी दिलचस्पी हो रही है।"

"मैं चोर नहीं हूँ मिस जी। असली चोर नहीं हूँ।" उसने जल्दी से कहा।

वे कुछ विनोदपूर्ण अविश्वास से उसे देख रही थीं।

"आपको ऐसा लगता है, क्योंकि मैं इस तरह आपके घर में हूँ। लेकिन मैंने पहली बार इस तरह का काम किया है। मुझे पैसे की सख्त जरूरत थी। और इसके अलावा, मैं मानता हूँ कि मैं एक तरह से अपना हक बटोर रहा हूँ।"

"मैं समझी नहीं?" वे हौसला बढ़ानेवाले अन्दाज में मुस्कुराईं। "तुम यहाँ डाका डालने आये थे, और डाका डालने का मतलब ऐसी चीज लेना है जो तुम्हारी नहीं है।"

"ऐसा है भी और नहीं भी है, इस खास मामले में। लेकिन मेरे खयाल से अब मुझे खिसकना चाहिए।"

वह डाइनिंग-हॉल के दरवाजे की ओर बढ़ा लेकिन वे बीच में आ गईं, और क्या खूबसूरत बाधा थी यह! उसका बायाँ हाथ आगे लपका जैसे उन्हें पकड़ना चाहता हो, पर अचकचा गया। साफ था कि वह उनके कोमल स्त्रीत्व के प्रभाव में आ गया था।

"देखा!" वे विजयी भाव से बोल पड़ीं। "मैं जानती थी, तुम नहीं करोगे।"

आदमी झेंप गया।

"मैंने आज तक किसी औरत के साथ जबर्दस्ती नहीं की है," उसने सफाई दी। "यह आसान नहीं है। लेकिन अगर आपने चिल्लाना शुरू कर दिया तो मैं जरूर करूँगा।"

"तुम कुछ मिनट रुककर बात क्यों नहीं करते?" उन्होंने आजिजी से कहा। "मुझे बड़ी दिलचस्पी महसूस हो रही है। मैं तुम्हारे मुँह से सुनना चाहती हूँ कि चोरी करना अपना हक लेना कैसे है?"

उसने उनकी ओर सराहनाभरी नजर से देखा।

"मैं हमेशा सोचता था कि औरतें डाकुओं से डरती हैं," उसने कहा। "लेकिन आप ऐसी नहीं लगतीं।"

वह प्रफुल्लित भाव से हँसीं।

"डाकू भी अलग-अलग तरह के होते हैं। मुझे तुमसे डर नहीं लग रहा क्योंकि मैं जानती हूँ कि तुम उस किस्म के जीव नहीं हो जो किसी स्त्री को नुकसान पहुँचाए। आओ, कुछ देर मुझसे बातें करो। हमें कोई परेशान नहीं करेगा। मैं बिल्कुल अकेली हूँ। मेरे.... पिता आज रात की गाड़ी से न्यूयार्क चले गये। सारे नौकर सो रहे हैं। मैं तुम्हें कुछ खाने को भी देना चाहूँगी—स्त्रियाँ हमेशा ही अपने हाथों पकड़े चोरों के लिए आधी रात को खाना पकाती हैं, कम-से-कम पत्रिकाओं में छपनेवाली कहानियों में तो ऐसा ही होता है। लेकिन मुझे पता नहीं कि खाना कैसे लाऊँ। पर शायद तुम कुछ पीना चाहोगे?"

वह हिचकिचाया, और कोई जवाब नहीं दिया; लेकिन वे उसकी आँखों में अपने लिए बढ़ती सराहना का भाव देख रही थीं।

"तुम डर तो नहीं रहे हो?" उन्होंने पूछा। "मैं वादा करती हूँ, मैं तुम्हें जहर नहीं दूँगी। मैं भी तुम्हारे साथ पिऊँगी ताकि तुम्हें यकीन हो जाये कि सब ठीक है।"

"आप वाकई एक अजूबा हैं," उसने कहा, और पहली बार पिस्तौल नीचे की। "अब कोई मुझे यह नहीं बता सकता कि शहर की औरतें डरपोक होती हैं। आप कुछ खास नहीं हैं—बस, नाजुक-सी, सुन्दर-सी लड़की हैं। लेकिन आपमें कलेजा है। और सबसे बढ़कर आप भरोसा करना जानती हैं। बहुत कम ही ऐसी औरतें, या मर्द होंगे जो बन्दूक लिये एक आदमी से वैसा बरताव करेंगे जैसे आप मुझे कर रही हैं।"

उन्होंने इस प्रशंसा पर मुस्कुराकर खुशी जाहिर की और चेहरे पर पूरी सच्चाई के साथ कहा :

"ऐसा इसलिए है क्योंकि मुझे तुम्हारा रूपरंग अच्छा लगा है। एक डाकू के लिहाज से तुम बड़े भले दिखते हो। तुम्हें ऐसी चीजें नहीं करनी चाहिए। अगर मुश्किल

में हो तो तुम्हें कोई काम करना चाहिए। चलो, वह गन्दा रिवॉल्वर परे हटाओ और आओ, हम इस बारे में बात करते हैं। असल बात यह है कि तुम्हें काम करना चाहिए।"

"इस इलाके में तो नहीं," उसने कड़वाहट से टिप्पणी की। "काम की तलाश में चल-चलकर मेरे पैर नीचे से दो इंच घिस गये हैं। ईमान से, मैं कभी ऊँचा-पूरा इनसान हुआ करता था... जब तक मैंने नौकरी ढूँढ़ना शुरू नहीं किया था।"

इस मजाक पर उनकी उत्फुल्ल हँसी से आदमी जाहिरा तौर पर खुश हो गया, और उन्होंने इस ओर ध्यान देने और इसका फायदा उठाने में देर नहीं की। वे फौरन दरवाजे से हटकर साइडबोर्ड की ओर चली गईं।

"आओ, मैं तुम्हारे लिए ड्रिंक बनाती हूँ, तब तक तुम मुझे इसके बारे में सब कुछ बताओ। क्या लोगे? व्हिस्की?"

"हाँ, मैम," उसने उनके पीछे जाते हुए कहा, हालाँकि बड़ा-सा रिवॉल्वर अब भी उसके हाथ में झूल रहा था और वह हिचकिचाहट-भरी नजर से अरक्षित रह गये खुले दरवाजे की ओर देख रहा था।

उन्होंने साइडबोर्ड पर उसके लिए एक गिलास भर दिया।

"मैंने तुम्हारे साथ पीने का वादा किया था," उन्होंने थोड़े संकोच के साथ कहा। "लेकिन मैं व्हिस्की पसन्द नहीं करती। मुझे... मुझे शेरी अच्छी लगती है।"

उन्होंने उसकी सहमति के लिए शेरी की बोतल थोड़ी-सी उठाई।

"बिल्कुल," उसने हामी भरते हुए कहा। "व्हिस्की मर्दों के पीने की चीज है। मुझे औरतें इसे पीते हुए अच्छी नहीं लगतीं। उनके लिए वाइन ही ठीक है।"

उन्होंने उसके गिलास के साथ अपना गिलास उठाया। उनकी आँखें हमदर्दी से तरल हो रही थीं।

"यह जाम तुम्हें एक अच्छी नौकरी मिलने के नाम..."

उसके चेहरे पर आश्चर्यमिश्रित खीज के भाव देखकर वे बीच में ही रुक गईं। उसके होंठ तिरछे हो गये थे और गिलास उनसे हटा लिया गया था। उसने गिलास को बस मुँह से छुआ भर था।

"क्या बात है," उन्होंने व्यग्रता से पूछा। "तुम्हें अच्छा नहीं लगा? मुझसे भूल हो गई क्या?"

"यह बड़ी अजीब व्हिस्की है! लगता है, बनते समय जल गई है, अजीब धुआँ-धुआँ सा स्वाद है।"

"ओह! मैं भी कैसी बेवकूफ हूँ! मैंने तुम्हें स्कॉच दे दी। जाहिर है, तुम जईवाली पीने के आदी हो। लाओ, बदल दूँ।"

उन्होंने उससे गिलास लेकर बदल दिया और ढूँढ़कर दूसरी बोतल निकाली। यह

सब करते हुए उनमें एक उत्सुक मातृत्वभाव दीख रहा था।

"ये बेहतर है?" उन्होंने पूछा।

"हाँ मैम! इसमें धुआइंध नहीं है। ये असली खरा माल है। मैंने एक हफ्ते से कुछ पिया नहीं था। मस्त चीज है, तेल की तरह चिकनी; सट्ट से अन्दर; केमिकल फैक्ट्री में बना माल नहीं है।"

"तुम जमकर पीनेवाले हो?" यह आधा सवाल था और आधी चुनौती।

"नहीं मैम, कुछ खास नहीं। हाँ, कभी-कभी मैंने बेतहाशा पियक्कड़ी की है, लेकिन ऐसे मौके ज्यादा नहीं रहे हैं। पर कभी-कभी कोई बढ़िया चीज आकर ठन्न से सही जगह पर पड़ जाती है, ये भी ऐसी ही है। लेकिन अब, मैम, आपका शुक्रिया अदा करते हुए मुझे यहाँ से टलना चाहिए।"

लेकिन मिसेज सेटलिफ अपने चोर को खोना नहीं चाहती थीं। यूँ तो वह इस कदर नाप-तौल कर चलनेवाली महिला थीं कि उनमें रूमानियत के लिए ज्यादा गुंजाइश नहीं थी, पर इस स्थिति में कुछ ऐसा 'थ्रिल' था जिसमें उन्हें मजा आ रहा था। इसके अलावा, वह जानती थीं, कि कोई खतरा नहीं है। अपने सख्त जबड़े और सधी हुई भूरी आँखों के बावजूद वह आदमी ऐसा था जिसे वश में किया जा सकता था। और फिर, उनकी चेतना में दूर कहीं तारीफ के पुल बाँधते दोस्तों का खयाल भी झिलमिला रहा था। कितना बुरा था कि वे दर्शक यहाँ मौजूद नहीं थे।

"तुमने अभी बताया नहीं कि तुम्हारे मामले में, चोरी और कुछ नहीं बस अपना हक ले लेना कैसे है," उन्होंने कहा। "आओ, यहाँ मेज पर बैठो, और मुझे इसके बारे में बताओ।"

वह चतुराई से अपनी खास कुर्सी के पास पहुँच गईं और बैठते हुए उसे अपने सामनेवाले कोने की सीट पर बैठाया। उन्होंने ध्यान दिया कि उसकी सतर्कता ने अभी उसका साथ नहीं छोड़ा था और उसकी तेज निगाहें चारों ओर दौड़ रही थीं। हर बार ये निगाहें प्रशंसा के भाव से सुलगती हुई उनकी ओर लौट आती थीं, लेकिन कभी भी देर तक ठहरती नहीं थीं। उन्होंने यह भी ध्यान दिया कि जब वह बोल रही होती थीं तो वह उनकी आवाज के अलावा अन्य ध्वनियों के लिए कान लगाये रहता था। उसने अपना रिवॉल्वर भी छोड़ा नहीं था; वह मेज के कोने पर रखा था और मूठ उसके दाहिने हाथ के करीब ही थी।

लेकिन वह एक ऐसी नई रिहायशी जगह में था जिसे वह जानता नहीं था। पश्चिम का यह आदमी जंगल और खुले मैदानों में जीने की कला का माहिर था, उसके आँख-कान खुले और चौकस थे और वह सतर्क और शंकालु था; पर उसे यह नहीं मालूम था कि डाइनिंग टेबल के नीचे, मिसेज सेटलिफ के पैर के पास बिजजी की घंटी का पुशबटन था। उसने ऐसे किसी यंत्र के बारे में कभी सुना नहीं था और उसकी

सारी होशियारी और सावधानी किसी काम नहीं आई।

"देखिए, बात ये है, मिस जी," उनके आग्रह पर उसने कहना शुरू किया, "बूढ़े सेटलिफ ने एक बार एक छोटे-से सौदे में मुझे गच्चा दिया था। वह एक घटिया चाल थी, पर काम कर गई। जब पीछे कुछ सौ करोड़ की ताकत हो तो कोई भी चीज पूरी तरह काम कर जायेगी, और कानूनी भी होगी। मैं अपना दुखड़ा नहीं रो रहा हूँ और न ही आपके पापा को गरिया रहा हूँ। वह तो मेरी शक्ल भी नहीं जानते, और मेरे खयाल से उन्हें पता भी नहीं कि उन्होंने मुझे कोई गच्चा दिया था। वह बहुत बड़े आदमी हैं, करोड़ों में सोचते और करोड़ों में सौदे करते हैं, मेरे जैसे छुटभैये के बारे में कहाँ से सुनेंगे। वह ऊँचे खिलाड़ी हैं। हर तरह के एक्सपर्ट उनके लिए सोचते और योजनाएँ बनाते और काम करते हैं। मैंने सुना है कि उनमें से कुछ अमेरिका के राष्ट्रपति से भी ज्यादा नकद तनख्वाह पाते हैं। मैं तो उन हजारों में से एक हूँ, जिन्हें आपके पापा ने कहीं का नहीं छोड़ा, बस इत्ती-सी बात है।

"देखिए मैम, मेरे पास एक छोटी-सी खदान थी, जमीन में जरा-सा छेद भर समझ लीजिए, एक घोड़े से चलनेवाली मशीन थी। और जब सेटलिफ के लोगों ने इडाहो में उथल-पुथल मचाई और इस्पात भट्ठियों का सारा कारोबार कब्जे में कर लिया, और फिर आसपास के सारे इलाके को काबू में करने के बाद ट्विन पाइन्ट में बड़ा कारखाना बैठा दिया, तो मैं तो चें बोल गया। मुझे घाटे से जूझने और बचने की कोशिश करने का भी समय नहीं मिला। होड़ शुरू होने से पहले ही मुझे उठाकर बाजू फेंक दिया गया। और इसीलिए, जब मेरे दोस्त को मेरी सख्त जरूरत थी और मैं दिवालिया था, तो आज रात मैं आपके पापा से कुछ कमाई करने चला आया। चूँकि मुझे इसकी जरूरत थी, इसलिए यह एक तरह से मेरा हक बनता था।"

"माना कि तुम जो कह रहे हो, वह ठीक है," उन्होंने कहा, "फिर भी घर में चोरी से घुसना चोरी से घुसना ही है। तुम अदालत में इस बात से अपना बचाव नहीं कर पाओगे।"

"मैं जानता हूँ," उसने विनीत स्वर में कहा। "जो सही है, वह हमेशा कानूनी नहीं होता। और इसीलिए यहाँ बैठकर आपसे बातें करने में मुझे इतनी उलझन हो रही है। ऐसा नहीं कि मुझे आपका साथ अच्छा नहीं लग रहा—बेशक मुझे अच्छा लग रहा है—लेकिन पकड़े जाना मैं गवारा नहीं कर सकता। मैं जानता हूँ, यहाँ इस शहर में वे मेरे साथ क्या करेंगे। पिछले ही हफ्ते एक लड़के को पचास साल की सजा हो गई, क्योंकि उसने सड़क पर एक आदमी से दो डालर और पच्चासी सेण्ट छीन लिये थे। मैंने अखबार में इसके बारे में पढ़ा था। जब बुरा समय चल रहा हो और कोई काम न हो तो लोग बदहवास हो उठते हैं। और फिर बाकी आदमी, जिनके पास लूटे जाने लायक कुछ होता है, अब वे भी बदहवास हो जाते हैं, और वे बस दूसरे लोगों

को सबक सिखाना चाहते हैं। मेरे खयाल से, अगर मैं पकड़ा गया तो मुझे दस साल से अंगुलभर भी कम की जेल नहीं होगी। इसी वजह से मैं अपना रास्ता पकड़ने के लिए जल्दबाजी मचा रहा हूँ। इसीलिए मैं यहाँ से निकलने की हड़बड़ी में हूँ।"

"नहीं, रुको।" उन्होंने हाथ उठाकर रुकने का इशारा किया। और साथ ही अपना पैर घंटी के बटन से हटा लिया जिसे वह बीच-बीच में दबा रही थीं। "तुमने अभी तक मुझे अपना नाम नहीं बताया है।"

वह हिचकिचाया।

"आप मुझे डेव कह सकती हैं।"

"अच्छा तो... डेव," वह बड़े मोहक असमंजस के भाव से हँसीं। "तुम्हारे लिए कुछ तो करना होगा। तुम एक नौजवान हो और गलत रास्ते पर यह तुम्हारा पहला ही कदम है। अभी तुम वह बटोरने की कोशिश से शुरू कर रहे हो जिस पर तुम्हारे खयाल से तुम्हारा हक बनता है, तो बाद में तुम वह भी बटोरने लगोगे जिसके बारे में तुम्हें पक्का यकीन है कि वह तुम्हारा नहीं है। और तुम जानते हो कि इसका अन्त क्या होगा। इसके बजाय, हमें तुम्हारे लिए कोई सम्मानजनक काम ढूँढ़ना होगा।"

"मुझे पैसे की जरूरत है, और मुझे यह अभी चाहिए," उसने हठी ढंग से जवाब दिया। "यह मेरे लिए नहीं है, बल्कि उस दोस्त के लिए है जिसके बारे में मैं आपको बता चुका हूँ। वह मुश्किल में फँस गया है और उसे अभी ही बाहर निकालना होगा वरना बहुत देर हो जायेगी।"

"मैं तुम्हें काम दिला सकती हूँ," उन्होंने जल्दी से जवाब दिया। "और... हाँ, असल बात तो रह गई! मैं तुम्हें अपने दोस्त के पास भेजने के लिए पैसे उधार दूँगी। तुम अपनी तनख्वाह से इसे लौटा सकते हो।"

"करीब तीन सौ से काम चल जायेगा," उसने धीरे से कहा। "तीन सौ से उसकी गाड़ी दलदल से निकल आयेगी। इसके बदले मैं साल भर एड़ी-चोटी का जोर लगाकर काम करूँगा; बस मुझे खाना-कपड़ा और बुल डरहम खरीदने के लिए चन्द सेण्ट दे दीजिएगा।"

"ओह! तुम सिगरेट पीते हो! मैंने तो ध्यान ही नहीं दिया।"

उनका हाथ रिवॉल्वर के ऊपर से होते हुए उसके हाथ की ओर गया और उन्होंने उसकी उँगलियों पर तम्बाकू पीने से बने पीले धब्बों की ओर इशारा किया। इसके साथ ही उनकी आँखों ने हथियार से अपने और उसके हाथ की नजदीकी मापी। वह फुर्ती से उसे झपट लेने के लिए बेताब थीं। उन्हें यकीन था कि वह ऐसा कर सकती हैं। लेकिन फिर भी वह थोड़ा हिचकिचा रही थीं और उन्होंने हाथ वापस खींच लिया।

"तुम सिगरेट पिओगे नहीं?" उन्होंने आमंत्रण दिया।

"मैं तो इसके लिए बेचैन हूँ।"

"तो फिर लो। मुझे कोई एतराज नहीं। मुझे यह अच्छा लगता है—मेरा मतलब है कि मुझे सिगरेट अच्छी लगती है।"

उसने अपना बायाँ हाथ बगलवाली जेब में डाला, भूसे की लुगदी से बननेवाले पतले कागज का एक टुकड़ा निकाला और उसे रिवॉल्वर के नजदीकवाले दाहिने हाथ में दे दिया। उसने फिर जेब में हाथ डाला और कागज पर चुटकीभर भूरा तम्बाकू लाकर रखा। फिर वह कागज को लपेटकर सिगरेट बनाने लगा; उसके दोनों हाथ रिवॉल्वर के ठीक ऊपर थे।

"जिस ढंग से तुम उस डरावने हथियार के पास ही मँडरा रहे हो, उससे लगता है कि तुम मुझसे डरे हुए हो।" उन्होंने चुनौती दी।

"आपसे नहीं डरा हुआ हूँ मैम, लेकिन हालात को देखते हुए थोड़ा डर तो लगता ही है।"

"लेकिन मुझे तो तुमसे डर नहीं लगा है।"

"आपके पास खोने के लिए कुछ नहीं है।"

"मेरी जिन्दगी।" उन्होंने फौरन पलटकर कहा।

"यह तो ठीक है," उसने तुरन्त स्वीकार किया, "फिर भी आपको मुझसे जरा भी डर नहीं लग रहा है। शायद मैं ही ज्यादा घबराया हुआ हूँ।"

"मैं तुम्हें कोई नुकसान नहीं पहुँचाऊँगी।"

यह बात कहते हुए ही उन्होंने अपने स्लीपर से घंटी को टटोला और उसे दबा दिया। ठीक इसी समय उनकी आँखें अनुरोध कर रही थीं कि वह उन पर यकीन करे।

"तुम्हें लोगों की पहचान है। मैं जानती हूँ। और महिलाओं की भी पहचान है तुम्हें। ऐसे में, जब कि मैं तुमसे जरायमपेशा छोड़ने और ईमानदारी का कोई काम दिलाने की बात कर रही हूँ...?"

वह फौरन पछतावे की मुद्रा में आ गया।

"मुझे आपसे माफी माँगनी चाहिए, मैम," उसने कहा। "मेरे खयाल से मेरी घबराहट ठीक नहीं है।"

ऐसा कहते हुए उसने अपना दाहिना हाथ मेज से हटा दिया और सिगरेट सुलगाने के बाद हाथ अपनी बगल में नीचे लटका लिया।

"इस विश्वास के लिए शुक्रिया," उन्होंने हल्की-सी राहत की साँस ली और आँखों से रिवॉल्वर तक की दूरी मापती रहीं और अपना पाँव कसकर घंटी पर रखे रहीं।

"वे तीन सौ डॉलर," उसने कहना शुरू किया, "मैं आज रात ही इन्हें टेलीग्राफ से पश्चिम भेज सकता हूँ। और इसके बदले और गुजारे लायक मजदूरी पर मैं पूरे एक साल तक काम करने को तैयार हूँ।"

"तुम उससे ज्यादा कमाओगे। मैं कम-से-कम पचहत्तर डॉलर महीने का वादा कर सकती हूँ। तुम घोड़ों के बारे में जानते हो?"

उसका चेहरा खिल उठा और आँखों में चमक आ गई।

"तो फिर तुम मेरे लिए--या मेरे पिता के लिए काम कर सकते हो, हालाँकि सारे नौकरों को मैं ही काम पर लगाती हूँ। मुझे एक और कोचवान की जरूरत है..."

"तो मुझे वर्दी पहननी पड़ेगी?" उसने फौरन बात काटी; पश्चिम के आजादीपसन्द लोगों की हिकारत उसकी आवाज और उसके होंठों पर साफ झलक रही थी।

वे सहिष्णुता से मुस्कुराईं।

"जाहिर है, यह तो नहीं चलेगा। जरा सोचने दो। हाँ; क्या तुम घोड़े सधाने का काम कर सकते हो?"

उसने हामी भरी।

"हमारा एक बड़ा फार्म है, और वहाँ बस तुम्हारे जैसे आदमी के लिए जगह है। तुम करोगे?"

"मैं करूँगा, मैम!" उसकी आवाज में कृतज्ञता और उत्साह छलक रहे थे। "आप बस बता दीजिए। मैं कल से ही भिड़ जाऊँगा। और मैं आपको एक वादा कर सकता हूँ मैम, ह्यूजी ल्यूक को मुश्किल में मदद देने के लिए आपको कभी पछतावा नहीं होगा..."

"मेरे खयाल से तुमने अपना नाम डेव बताया था," उन्होंने माफीभरे अन्दाज में उसे उलाहना दिया।

"मैंने कहा था, मैम, मैंने कहा था। और मैं आपसे माफी माँगता हूँ। बस, ऐसे ही हाँक दिया था। मेरा असली नाम ह्यूजी ल्यूक है। और अगर आप मुझे अपने उस फार्म का पता और रेल का भाड़ा दे दीजिए तो मैं कल सुबह ही वहाँ के लिए चल पड़ूँगा।"

इस पूरी बातचीत के दौरान उन्होंने घंटी बजाने की कोशिश में एक बार भी ढिलाई नहीं बरती थी। उन्होंने हर तरह के चेतावनीभरे अन्दाज में उसे बजाया था--तीन छोटी और एक लम्बी घंटी, फिर दो छोटी और एक लम्बी और फिर पाँच छोटी घंटियाँ। उन्होंने छोटी-छोटी घंटियों की लम्बी शृंखला भी आजमाई थी, और एक बार तो वह पूरे तीन मिनट तक बटन दबाये रहीं। उनका दिमाग बेवकूफ, सुतक्कड़ बटलर पर गुस्से और घंटी के ठीक होने पर सन्देह के बीच बँटा हुआ था।

"मुझे बड़ी खुशी है," उन्होंने कहा; "मैं बहुत खुश हूँ कि तुम इसके लिए तैयार हो। ज्यादा कुछ इन्तजाम नहीं करना पड़ेगा। लेकिन पहले तुम्हें मुझ पर भरोसा करना होगा ताकि मैं ऊपर जाकर अपना बटुआ ले आऊँ।"

उन्होंने उसकी आँखों में पलभर के लिए शंका की झलक देखी और तुरन्त यह जोड़ दिया, "देखो, आखिर मैं तुम पर भरोसा करके तीन सौ डालर दे रही हूँ।"

"मुझे आप पर भरोसा है, मैम," उसने बहादुरी से जवाब दिया। "हालाँकि मैं इस घबराहट से बच नहीं पा रहा हूँ।"

"तो मैं जाकर ले आऊँ?"

इससे पहले कि वे मंजूरी पा सकें, कहीं दूर से एक हल्की-सी दबी हुई टकराहट की आवाज उनके कानों में आई। वह जान गईं कि यह बटलर की कोठरी के दरवाजे की आवाज थी। लेकिन यह इतनी हल्की थी--आवाज से ज्यादा यह हल्का कम्पनभर था--कि अगर उनके कान इसके लिए सतर्क नहीं होते तो उन्हें सुनाई नहीं देती। फिर भी उस आदमी ने इसे सुन लिया था। प्रकटतः शान्त दिखते हुए भी वह चौंक गया था।

"ये क्या था?" उसने पूछा।

जवाब में उनका बायाँ हाथ रिवॉल्वर की ओर झपटा और उसे खींच लाया। उन्होंने बड़ी फुर्ती दिखाई थी क्योंकि अगले ही पल बगल में झूल रहा उसका हाथ लपका लेकिन उसकी मुट्ठी हवा में बन्द होकर रह गई।

"बैठ जाओ!" उन्होंने ऐसी आवाज में हुक्म दिया जो उसके लिए एकदम नई थी। "हिलो नहीं। अपने हाथ मेज पर रखो।"

उन्होंने उससे सबक लिया था। भारी पिस्तौल उठाकर तानने के बजाय उसकी मूठ और उनका हाथ मेज पर टिका हुआ था और नली का रुख उसके माथे पर नहीं बल्कि सीने की ओर था। वह ठण्डे ढंग से उनकी ओर देखते हुए उनके हुक्म पर अमल कर रहा था क्योंकि वह जानता था कि गोली चलने के झटके से निशाना चूक जाने की कोई सम्भावना नहीं थी। उसने यह भी देखा कि न तो रिवॉल्वर काँप रहा था और न ही हाथ हिल रहा था, और उसे अच्छी तरह मालूम था कि नर्म नोकवाली गोलियाँ कितना बड़ा छेद कर सकती हैं। उसकी नजरें मिसेज सेटलिफ पर नहीं बल्कि पिस्तौल के घोड़े पर टिकी थीं ज़ो ट्रिगर पर उनकी उंगली के दबाव से उठ गया था।

"मेरे खयाल से मुझे आपको चेता देना चाहिए कि ट्रिगर बहुत बढ़िया काम करता है। ज्यादा मत दबाइये वरना मुझमें अखरोट के बराबर छेद हो जायेगा।"

उन्होंने ट्रिगर पर उँगली थोड़ी ढीली कर दी।

"ये बेहतर है," उसने टिप्पणी की। "अच्छा हो कि आप इसे एकदम नीचे कर दें। आपने देखा न कि ये कितनी आसानी से चलता है। अगर आप चाहें तो तेजी से हल्का-सा दबाते ही घोड़ा लपककर पीछे जाकर लौटेगा और आपके सुन्दर फर्श की ऐसी-तैसी हो जायेगी।"

उसके पीछे एक दरवाजा खुला और उसने किसी को कमरे में दाखिल होते हुए

सुना। पर उसने अपना सिर नहीं घुमाया। वह उनकी ओर देख रहा था और उसने पाया कि यह किसी दूसरी औरत का चेहरा था—सख़्त, ठण्डा, निर्मम लेकिन ख़ूबसूरती की दमक से भरा। उनकी आँखें भी कठोर थीं, और उनमें एक ठण्डी आग दहक रही थी।

"थॉमस," उन्होंने हुक्म दिया, "जाकर टेलीफोन करो और पुलिस को बुलाओ। तुम्हें इतनी देर क्यों हुई?"

"घंटी की आवाज सुनते ही मैं आया, मैम," बटलर ने जवाब दिया।

डाकू ने एक बार भी उन पर से नजर नहीं हटाई, न ही उन्होंने उससे अपनी नजर हटाई, लेकिन घंटी का जिक्र होते ही उन्होंने ध्यान दिया कि उसकी आँखों में पलभर के लिए उलझन दिखाई दी।

"माफी चाहता हूँ, लेकिन क्या ये बेहतर नहीं होगा कि मैं एक हथियार ले आऊँ और बाकी नौकरों को जगा दूँ?"

"नहीं, पुलिस को फोन करो। इस आदमी को मैं रोककर रख सकती हूँ। जाओ, जल्दी करो।"

बटलर कमरे से चुपचाप निकल गया और वह मर्द और औरत एक-दूसरे की आँखों में घूरते हुए बैठे रहे। उनके लिए यह एक दिलचस्प और रोमांचक अनुभव था। वह अपनी मित्र मण्डली में छिड़नेवाली चर्चाओं के बारे में सोच रही थीं और उन्हें सोसायटी मैग्जीनों में छपी खबरें अभी से दिखाई दे रही थीं—"जवान और सुन्दर मिसेज सेटलिफ ने अकेले एक हथियारबन्द डाकू को पकड़ा!" उन्हें पक्का यकीन था कि इससे जबर्दस्त सनसनी मचेगी।

"जब तुम्हें वह सजा मिलेगी जो तुम अभी कह रहे थे," उन्होंने ठण्डेपन से कहा, "तब तुम्हारे पास ये सोचने के लिए काफी समय रहेगा कि तुमने कैसी बेवकूफी की है। दूसरों की सम्पत्ति चुराते हो और औरतों को रिवॉल्वर से धमकाते हो! तुम्हें अच्छी तरह सबक सीखने के लिए बहुत समय मिलेगा। अब सच-सच बताओ। तुम्हारा कोई दोस्त मुश्किल में नहीं है। जो कुछ तुमने मुझे बताया सब झूठ था।"

उसने जवाब नहीं दिया। हालाँकि उसकी आँखें उन पर टिकी थीं, पर उनमें कोई भाव नहीं था। दरअसल, उस वक्त मिसेज सेटलिफ उसे नजर नहीं आ रही थीं; उसे बस पश्चिम का धूप में नहाया हुआ खुला विस्तार दिखाई दे रहा था जहाँ के मर्द और औरतें पूरब के घटिया शहरों के उन और भी घटिया लोगों से बड़े थे जिनसे उसका पाला पड़ा।

"बोलो-बोलो। तुम बोलते क्यों नहीं? कुछ और झूठे किस्से क्यों नहीं सुनाते? छोड़ देने की भीख क्यों नहीं माँगते?"

"मैं ऐसा करता," सूखे होंठों पर ज़ुबान फिराते हुए उसने जवाब दिया। "मैं छोड़

देने के लिए आपसे जरूर कहता अगर..."

"अगर क्या?" उसके बीच में ही रुक जाने पर उन्होंने जिद्‌दी ढंग से पूछा।

"मैं एक शब्द याद करने की कोशिश कर रहा था। आपने ही मुझे इसका ध्यान दिलाया था। जैसाकि मैं कह रहा था, मैं ऐसा जरूर करता अगर आप एक शरीफ औरत होतीं।"

उनका चेहरा पीला पड़ गया।

"जुबान सँभालकर बोलो," उन्होंने चेतावनी दी।

"आप मुझे मार नहीं सकतीं," उसने व्यंग्यपूर्ण तिरस्कार से कहा। "जिस दुनिया में आप जैसे जीव घात लगाये घूमते हों, वह बहुत ही कमीनी जगह है, लेकिन मेरे खयाल से वह इतनी भी कमीनी नहीं है कि आपको मेरे अन्दर छेद करने की इजाजत दी जाये। यकीनन, आप बुरी हैं, लेकिन आपके साथ मुश्किल यह है कि आप अपनी बुराई में भी कमजोर हैं। किसी आदमी को मारना बड़ी बात नहीं है, लेकिन आप में वह बात नहीं है। यहीं आप मात खा जाती हैं।"

"जुबान सँभालकर बोलो," उन्होंने दोहराया। "वरना, मैं आपको चेतावनी दे रही हूँ, तुम भारी मुश्किल में पड़ जाओगे। तुम्हें हल्की सजा मिले या तगड़ी, इसका फैसला मेरे हाथ में है।"

"भगवान के यहाँ कुछ गड़बड़ है, तभी तुम्हें छुट्टा छोड़ दिया है," उसने अचानक टिप्पणी की। "मुझे वाकई समझ नहीं आता कि वह चाहता क्या है; बेचारे इनसानों के साथ ऐसे खेल वह क्यों खेल रहा है? अगर भगवान की जगह मैं होता..."

वह अपना मत व्यक्त नहीं कर पाया क्योंकि बटलर के प्रवेश से बात बीच ही में कट गई।

"टेलीफोन में कुछ खराबी है, मैडम," बटलर ने कहा। "या तो तार उलझ गये हैं या और कोई बात है, क्योंकि पुलिस स्टेशन का नम्बर नहीं लग रहा है।"

"जाकर किसी नौकर को जगाओ," उन्होंने आदेश दिया। "उसे किसी अफसर को बुलाने भेज दो और फिर यहाँ आ जाओ।"

एक बार फिर वह जोड़ी अकेली रह गई।

"क्या आप कृपा करके एक सवाल का जवाब देंगी, मैम?" आदमी ने पूछा। "उस नौकर ने किसी घंटी के बारे में कुछ कहा था। मैं बिल्ली की तरह आप पर नजर रखे हुए था, और आपने तो कोई घंटी नहीं बजाई!"

"वह मेज के नीचे थी, बेवकूफ कहीं के....मैंने पैर से इसका बटन दबाया था।"

"शुक्रिया, मैम। मेरा खयाल था कि मैंने आप जैसी औरत पहले भी देखी है, और अब मुझे यकीन हो गया कि मैंने देखी है। मैं आप पर भरोसा करके सच-सच कहता रहा, और पूरे समय आप मुझसे बेहयाई से झूठ बोलती रहीं!"

वे खिल्ली उड़ानेवाले अन्दाज में हँस दीं।

"बोलते रहो। जो जी में आये, कहो। बड़ा मजा आ रहा है।"

"आपने मुझ पर आँखें मटकाईं, खुद को नरम और दयालु दिखाती रहीं, पूरे समय यह बात उभारती रहीं कि आप पतलून के बजाय स्कर्ट पहनती हैं—और पूरे समय आपका पैर मेज के नीचे घंटी पर रखा रहा। चलो, फिर भी एक अच्छी बात है। आपकी जगह होने के बजाय मैं दस साल की सजा काट रहा बेचारा ड्यूजी ल्यूक होना पसन्द करूँगा, मैम! नरक आप जैसी औरतों से भरा पड़ा है।"

कुछ देर खामोशी रही, जिस दौरान वह आदमी उन पर से नजर हटाये बिना उन्हें परख रहा था और अपना मन बना रहा था।

"बोलो-बोलो," उन्होंने उसे उकसाया। "कुछ कहो।"

"हाँ, मैम। मैं कुछ कहूँगा। मैं जरूर कुछ कहूँगा। आप जानती हैं, मैं क्या करने जा रहा हूँ? मैं अभी इस कुर्सी से उठूँगा और उस दरवाजे से बाहर निकल जाऊँगा। मैं आपसे वह पिस्तौल ले लेता, लेकिन हो सकता है, आप बेवकूफी कर बैठें और ये चल जाये। आप ये पिस्तौल रख सकती हैं। अच्छी है। जैसाकि मैं कह रहा था, मैं सीधा उस दरवाजे से बाहर जा रहा हूँ। और आप उस पिस्तौल का ट्रिगर दबानेवाली नहीं हैं। किसी आदमी को गोली मारने के लिए कलेजा चाहिए, और आपमें वह है नहीं। अब तैयार हो जाइए और देखिये कि आप ट्रिगर दबा पाती हैं या नहीं। मैं आपको नुकसान नहीं पहुँचाऊँगा। मैं उस दरवाजे से बाहर जा रहा हूँ, और अब मैं चल रहा हूँ।"

अपनी आँखें उन पर गड़ाये हुए, उसने कुर्सी पीछे धकेली और धीरे-धीरे तनकर खड़ा हो गया। पिस्तौल का घोड़ा आधा उठ गया। वे उसे देख रही थीं। वह भी घोड़े को ही देख रहा था।

"और जोर से दबाइए," उसने सलाह दी। "अभी तो ये आधा भी नहीं उठा है। चलिए, उसे दबाइए और एक आदमी की जान ले लीजिए। जी हाँ, एक आदमी की जान ले लीजिए, उसका भेजा फर्श पर छितरा दीजिए, या फिर उसमें अपनी मुट्ठी के बराबर छेद ठोंक दीजिए। किसी आदमी की जान लेने का यही मतलब होता है।"

घोड़ा धीरे से नीचे आ गया। आदमी मुड़ा और धीरे-धीरे दरवाजे की ओर चल पड़ा। मिसेज सेटलिफ ने रिवॉल्वर घुमाकर उसकी पीठ पर तान दिया। दो बार और घोड़ा आधा उठा और फिर हिचकिचाते हुए नीचे कर दिया गया।

दरवाजे से बाहर निकलने के पहले आदमी एक पल के लिए रुका। उसके होंठों पर हिकारत और व्यंग्य से भरी मुस्कान थी। वह बहुत धीमी आवाज में, लगभग चबा-चबाकर बोला, लेकिन उसमें नफरत कूट-कूटकर भरी हुई थी—उसने जो गाली दी, उसे तो बयान नहीं किया जा सकता।

युद्ध

वह एक नौजवान था। चौबीस-पच्चीस साल से ज्यादा का नहीं होगा और अगर वह इस कदर सतर्क और तनाव में नहीं होता तो अपनी उम्र की लापरवाह गरिमा के साथ घोड़े पर बैठा होता। अपनी काली आँखों से वह चारों और नजर रखे हुए था। टहनियों और उनके पोरों के हिलने तक पर, जहाँ छोटी-छोटी चिड़ियाँ फुदक रही थीं। उसकी खोजी नजर पेड़ों और झाड़ियों के बदलते दृश्यों पर लगातार गड़ी हुई थी। दोनों ओर जमीन पर उगी घास और पत्तियाँ तक उसकी नजरों से बाहर नहीं थीं। उसके कान भी उसी तरह सतर्क थे। हालाँकि वह खामोशी से जा रहा था पर तोपों की आवाज दूर पश्चिम की तरफ आ रही थी। घंटों से यही आवाज उसके कानों में एकरस बज रही थी और इसके रुकने पर ही वह सतर्क हुआ होता, क्योंकि उसका काम यहीं, करीब में था। उसके घोड़े की जीन पर एक कारबाइन टँगी थी।

वह इस कदर तनाव में था कि जैसे ही बटेरों का एक झुण्ड उसके पास से होता हुआ अचानक उड़ा कि तत्काल वह हरकत में आ गया और अपनी कारबाइन को झट से कंधे पर रखने के लिए उठा लिया। फिर वह बुदबुदाया, अपने को सम्हाला और आगे बढ़ने लगा। वह इतने तनाव में था और अपने काम के लिए इतना चिन्तित था कि पसीना उसके माथे से बहता हुआ नाक से होकर घोड़े की जीन पर टपक रहा था और उसे पता तक नहीं था। घुड़सवारों वाले उसके हैट का फीता फिर पसीने से भीग गया था। उसका चितकबरा घोड़ा भी उसी की तरह भीगा हुआ था। वह गर्मी की भरी दोपहरी थी, गुमसुम। यहाँ तक कि चिड़ियाँ और गिलहरियाँ भी इस धूप में निकलना नहीं चाहती थीं और पेड़ों तथा उनकी छाया में छुपी थीं।

सवार और घोड़ा दोनों ही पेड़ों की पत्तियों और पीले पराग कणों से सराबोर थे क्योंकि वे खुले रास्ते से नहीं जा सकते थे। वे पेड़ों और झाड़ियों से होकर ही चलते रहे और जब भी उन्हें सूखे पेड़ों के बीच से या खुली जमीन से गुजरना पड़ता, सवार सतर्कता से झाँककर देख लेता कि कहीं कोई है तो नहीं। वह लगातार उत्तर की ओर चलता जा रहा था। हालाँकि उसका रास्ता बड़ा घुमावदार नहीं था, और उत्तर से ही उसे सबसे अधिक आशंका थी। वह कायर नहीं था, पर उसका साहस एक आम सभ्य आदमी जितना ही था। और वह जीना चाहता था, मरना नहीं।

एक छोटी पहाड़ी पर चढ़ते हुए उसने एक पगडण्डी पर चलना शुरू किया जिस पर इतनी घनी झाड़ियाँ थीं कि उसे घोड़े से उतरकर पैदल चलना पड़ा। पर जब वह पगडण्डी पश्चिम की ओर उतरी तो उसने उसे छोड़ दिया और फिर उत्तर की ओर ओक वृक्षों से ढँकी रिज के साथ-साथ चलने लगा।

रिज एक खड़ी ढलान तक पहुँचकर खत्म हुई। इतनी खड़ी कि उसे पार करने में घूम-घूमकर जाना पड़ा, सूखे सन्तरे और सूखी लताओं पर कभी फिसलते हुए तो कभी लुढ़कते हुए और घोड़े पर भी सतर्क नजर रखते हुए कि कहीं वह उसके ऊपर ही न गिर जाये। पसीना बह रहा था और परागकण नाक में भर रहे थे जिससे उसे जोरों की प्यास लग आई थी। वह जितनी भी कोशिश करता, उतरने में शोर को रोक नहीं पा रहा था। वह बार-बार रुकता और सूखी गर्मी में हाँफते हुए नीचे से किसी खतरे की आहट सुनता।

नीचे उतरकर वह एक समतल भूमि पर पहुँच गया जो ऐसे घने पेड़ों से भरी थी कि वह उसकी थाह नहीं पा सका। वहाँ पेड़ों की स्थिति बदल गई थी जिससे फिर वह घोड़े पर चढ़कर चल सकता था। टेढ़े-मेढ़े ओक के वृक्षों की जगह यहाँ सीधे खड़े ऊँचे-ऊँचे पेड़ थे, मोटे-मोटे तनेवाले और घने, नम जमीन में उगे हुए। झाड़ियाँ जहाँ-तहाँ ही थीं जिनसे आसानी से बचा जा सकता था। फिर वह हवादार पार्क जैसी खुली जगह से होकर गुजरा जहाँ युद्ध से पहले पशुओं का चरागाह रहा होगा।

जब वह घाटी में पहुँचा तो उसकी गति तेज हो गई और आधे घंटे में ही वह एक पुराने रेलवे फाटक पर पहुँच गया जो प्रायः नष्ट हो चुका था। इतना खुला रास्ता उसे माफिक नहीं लगा। अभी उसे नदी के किनारे लगे पेड़ों के बीच से होकर जा रही सड़क से जाना था। हालाँकि सिर्फ आधा मील का रास्ता ही खुले में था, पर उससे होकर जाने का विचार ही कड़वापन पैदा करनेवाला था। नदी के किनारे के उस खुले रास्ते पर कोई न कोई रायफल, या फिर कई या हजारों राइफलें घात में हो सकती थीं।

दो बार उसने चलने का उपक्रम किया और दो बार रुका। वह अपने अकेलेपन से डर गया था। पश्चिम से आती युद्ध की ध्वनि हजारों लड़ाकों के साथ का आभास दे रही थी, पर यहाँ कुछ नहीं बस एक चुप्पी थी। और वह था, और मौत लानेवाली गोलियाँ थीं जो कभी भी बरस सकती थीं। इसके बावजूद उसका काम उनका पता लगाना था जिनका पता लगाने से वह डर रहा था। पर उसे इसमें लगे रहना था। जब तक कि वह कहीं, कभी, उस किसी आदमी से नहीं मिल ले, किसी दूसरे आदमी से, दूसरी तरफ के आदमी से, जो ऐसे ही अभियान पर निकला होगा जिस पर वह निकला है, ताकि वह रिपोर्ट कर सके कि वह उससे मिला। रिपोर्ट तो उसे करनी ही थी।

अपना मन बदलकर वह पहले दूर तक जंगल के भीतर चलता रहा और फिर बाहर निकला। इस बार उसने खुली जगह में एक छोटा-सा फार्महाउस देखा। वहाँ किसी जीवित प्राणी का कोई निशान नहीं था। कोई धुआँ नहीं उठ रहा था, और न ही हाते में कोई मुर्गी कुड़कुड़ाते हुए घूम रही थी। रसोई का दरवाजा खुला पड़ा था। वह देर तक आँखें गड़ा-गड़ाकर देखता रहा। उसे लगने लगा कि किसी भी क्षण किसी किसान की पत्नी उसमें से निकल आयेगी।

अपने सूखे होंठों पर जमी धूल और परागकणों पर अपनी जुबान फिराई, अपना मन और शरीर कड़ा किया और खुली धूप में निकल गया। कुछ नहीं हुआ। वह फार्महाउस से आगे की ओर बढ़ा और नदी के किनारे के पेड़ों और झाड़ियों तक पहुँच गया। एक बात पागलपन की हद तक उसके मन में बैठ गई थी कि कभी भी कोई गोली अचानक उसे लग सकती है। इससे उसे बहुत कमजोरी और असहायता महसूस हुई और वह जीन पर नीचे झुक गया।

अपने घोड़े को एक पेड़ की जड़ से बाँधकर करीब सौ गज पैदल चलकर वह नदी के किनारे तक पहुँचा। वह बीस फीट चौड़ी थी। धारा तेज नहीं थी। शीतलता आमंत्रित करनेवाली थी, और वह बहुत प्यासा था। लेकिन वह पत्तियों के पर्दे के पीछे छुपा रहा। उसकी आँखें सामने उस पार के पर्दे पर टिकी थीं। इन्तजार की घड़ियों को आरामदायक बनाने के लिए वह बैठ गया। उसकी कारबाइन घुटने पर टिकी थीं। कुछ मिनट बीते, क्रमशः उसका तनाव कम हो गया। अन्ततः उसने तय किया कि कोई खतरा नहीं है। पर जैसे ही वह झाड़ियों से निकलकर पानी पीने के लिए झुकने को तैयार हुआ कि उस पार की झाड़ी में कोई हरकत दिखी।

चिड़िया हो सकती है। पर वह रुका। फिर झाड़ियों में कुछ अधिक हलचल हुई। और फिर, सब कुछ इतना अचानक हुआ कि उसके मुँह से चीख निकलते-निकलते बची। झाड़ियाँ हटीं और उसमें से एक चेहरा बाहर निकला। एक चेहरा जिस पर कई हफ्ते की भूरी दाढ़ी उगी हुई थी। आँखें नीली थीं और बड़ी-बड़ी। हालाँकि परेशानी और थकावट साफ झलक रही थी पर झुर्रियाँ ऐसी पड़ी थीं कि जैसे कोई हँस रहा हो।

यह सब कुछ उसने साफ-साफ देखा, क्योंकि दूरी बीस फीट से ज्यादा नहीं थी। और, यह सब, उसने सिर्फ इतने ही समय में देखा जितना कंधे पर कारबाइन उठाने में लगा। उसने फिर से उसे एक बार देखा तो लगा कि जैसे वह किसी मरे हुए आदमी को देख रहा है। इतने करीब से निशाना चूकना सम्भव ही नहीं था।

पर उसने गोली नहीं चलाई, धीरे से कारबाइन उतार ली और देखने लगा। एक हाथ दिखा जिसमें पानी की एक बोतल थी। फिर हाथ, बोतल और भूरी दाढ़ी पानी भरने को झुकी। पानी भरने की गुड़-गुड़ उसे साफ सुनाई पड़ी। फिर हाथ, बोतल और

भूरी दाढ़ी झाड़ियों के पीछे गायब हो गई। काफी समय उसने इन्तजार किया। और फिर बिना पानी पिये घोड़े पर सवार हुआ और धीरे-धीरे धूप-भरे मैदान से होता हुआ पीछे पेड़ों के आश्रय में चला गया।

दो

अगला दिन। गर्म और घुटनभरा। खुले में एक उजाड़ फार्महाउस था। बहुत बड़ा। उसमें कई आउट हाउस थे और फलों का एक बाग था। पेड़ों के बीच से चितकबरे घोड़े पर वह नौजवान कारबाइन टाँगे अपनी काली फुर्तीली आँखों से इधर-उधर देखता वहाँ पहुँचा। उसने चैन की साँस ली कि उस घर तक पहुँच गया। यह स्पष्ट था कि इसी मौसम के शुरू में वहाँ लड़ाई हुई थी। जंग लगे बदरंग क्लिप और खाली कारतूस जमीन पर बिखरे पड़े थे। जमीन जब गीली थी तब घोड़ों के खुरों से जगह-जगह खुद गई थी। घर के पास जो खुली जगह थी उसमें कब्रें थीं। उन पर लेबुल लगे थे और नम्बर लिखे थे। रसोई के दरवाजे के पास के ओक वृक्ष से फटी-चिटी और सड़ी-गली पोशाकों में दो लोगों के शव लटक रहे थे। उनके चेहरे सूखे हुए थे और बिगाड़ दिये गये थे, वे आदमी के चेहरे लग ही नहीं रहे थे। घोड़ा उनके नीचे फुत्कारने लगा तो सवार ने उसे सहलाकर शान्त किया और वहाँ से कुछ दूर हटाकर बाँध दिया।

घर में घुसने पर उसे सब कुछ तहस-नहस मिला। एक कमरे से दूसरे में जाते हुए उसे खाली कारतूसों पर से होकर चलना पड़ा। वह खिड़की से बाहर टोह लेने गया। लोग वहाँ रहे थे और सोये थे। एक कमरे में तो उसे खून के थक्कों के निशान नजर आये। निश्चय ही वहाँ घायलों को लिटाया गया होगा।

फिर वह बाहर गया। घोड़े के साथ-साथ पीछे भुसौरे से होते हुए बगीचे में घुस पड़ा। दस-बारह पेड़ पके हुए सेबों से लदे थे। उसने उनसे अपनी जेबें भर लीं। साथ-साथ खाता भी गया। फिर उसके मन में एक बात आई। उसने सूरज की ओर देखा और अन्दाज लगाया कि वापस कैम्प पहुँचने में कितना समय लगेगा। उसने अपनी कमीज खोली, उसकी बाँहों को बाँधकर झोले की तरह बनाया और उसमें सेब भरने लगा। वह अपने घोड़े पर चढ़ने ही वाला था कि उस जानवर ने अपने कान खड़े कर लिए। आदमी ने भी सुनने की कोशिश की और मुलायम जमीन पर घोड़े की टापों की हल्की-सी आवाज सुनी। वह भुसौरे के एक कोने में छुप गया और झाँककर देखने लगा। घोड़े पर सवार दस-बारह लोग आराम-आराम से खुली जगह के दूसरी ओर से आ रहे थे और सौ गज से ज्यादा की दूरी पर नहीं थे। वे घर के पास पहुँचे। कुछ घोड़े से उतर गये पर कुछ उन पर बैठे ही रहे। इससे साफ था कि वे वहाँ थोड़ी ही देर रुकने वाले थे। वे कुछ विचार-विमर्श कर रहे थे। उसने उन्हें

चिन्तित होकर बाहरी आक्रमणकारियों की उस भाषा में बातचीत करते सुना जिसे वह पसन्द नहीं करता था। समय बीता, पर लगा कि वे किसी फैसले पर नहीं पहुँच पाये। उसने अपनी कारबाइन जीन में फँसाई और घोड़े पर चढ़ गया और सेबोंवाली कमीज को सँभालता बेचैनी से इन्तजार करने लगा।

उसने कदमों की आवाज अपनी ओर आती सुनी और इतनी तेजी से घोड़े को एड़ लगाई कि वह जैसे अचरज में कराह उठा, उछला और आगे बढ़ चला। भुसौरे के पास उसने घुसपैठिए को देखा। वह वर्दी में था पर उन्नीस-बीस साल का लड़का ही था। उसी समय घोड़ा मुड़ा और सवार ने घर के पास खड़े लोगों की झलक देखी जो चौकन्ना हो गये थे। वह घोड़े के नीचे आने से बचने के लिए उछलकर पीछे हटा। कुछ घोड़े से कूद रहे थे और उसने देखा कि वे रायफल अपने कन्धों तक ले जा रहे थे। वह रसोई के दरवाजे और झूल रहे सूखे शवों के पास से होकर भागा ताकि उसके दुश्मनों को घर के सामने से भागकर आना पड़े। एक गोली चली, फिर दूसरी। पर वह तेजी से भाग रहा था। आगे झुका हुआ और जीन से चिपका हुआ। एक हाथ से सेबोंवाली कमीज को पकड़े और दूसरे से घोड़े की रास सँभाले।

बाड़ की ऊपरी बल्ली चार फीट ऊँची थी। पर वह अपने घोड़े को जानता था और गोलियों की कई बौछार के बीच उसे फलाँग गया। वह जंगल से आठ सौ गज दूर था और चितकबरा कुलाँचे भरते हुए वह दूरी तय कर रहा था। हर आदमी अब गोली चला रहा था। इतनी तेजी से वे अपने बन्दूकें खाली कर रहे थे कि वह किसी एक की आवाज नहीं सुन रहा था। एक गोली उसके हैट से होकर निकल गई, पर उसे पता नहीं चला। पर जब एक और गोली सेबोंवाली कमीज को फाड़ती हुई निकली तो उसे पता चला। और जब एक तीसरी गोली उसके घोड़े के पैरों के बीच एक पत्थर से टकराकर फिर हवा में किसी बेहूदे कीड़े की तरह भिनभिनाती हुई उड़ी तो वह काँप गया और नीचे झुक गया।

मैगजीनें खाली हो जाने पर गोलियों की आवाज बन्द हो गई। कुछ देर तक और गोली नहीं चली। नौजवान उत्साहित हो गया। गोलियों की उस जबर्दस्त बौछार से वह बगैर किसी नुकसान के निकल आया था। उसने पीछे मुड़कर देखा। उन्होंने अपनी मैगजीनें खाली कर दी थीं। उसने कई लोगों को बन्दूकें भरते देखा। कुछ लोग वापस दौड़ रहे थे अपने घोड़ों को लाने के लिए। उसने देखा कि दो लोग घोड़ों पर चढ़ चुके थे और वे तेजी से आते नजर आये। और इसी समय उसने उस भूरी दाढ़ीवाले को देखा कि वह जमीन पर घुटनों के बल बैठकर निशाना लगा रहा है और बिना किसी हड़बड़ी के लम्बी दूरी का निशाना साध रहा है।

नौजवान ने घोड़े को कसकर एड़ लगाई। बिल्कुल नीचे झुका और लहराते हुए आगे बढ़ा ताकि उसका निशाना चूक जाये। पर उसने गोली चलाई नहीं। घोड़े के

हर कदम के साथ जंगल नजदीक आ रहा था। वह अब सिर्फ दो सौ गज दूर था और अब तक गोली नहीं चली थी।

फिर उसने इसकी आवाज सुनी। वह आखिरी आवाज थी जो उसने सुनी क्योंकि काठी से नीचे जमीन पर गिरने से पहले ही वह मर चुका था। और वे लोग उस घर से उसे गिरते हुए देख रहे थे। उन्होंने उसके शरीर को जमीन से टकराकर उछलते देखा, और देखा कि लाल-लाल सेब उसके चारों ओर बिखर गये। अचानक सेबों को उछलते देख उन्हें मजा आया और उन्होंने ठहाके लगाये और उस भूरी दाढ़ीवाले आदमी को उसके सफल निशाने पर उन्होंने तालियाँ बजाकर बधाई दी।

चिनागो

"मूँगा फैलता है, ताड़ बढ़ता है, पर इनसान दुनिया छोड़ जाता है।"

—ताहिती की लोकोक्ति

आह चो फ्रांसीसी नहीं समझता था। वह अदालत के भीड़भरे कमरे में बैठा था। काफी थका और ऊबा हुआ। एक के बाद एक अधिकारी आते, फ्रांसीसी में बोलते और चले जाते। जैसे यह एक अनन्त सिलसिला बन गया था। सुनते-सुनते उसका दिमाग फटने लगा था। आह चो के लिए यह एकदम निरर्थक था और वह फ्रांसीसी लोगों की इस बेवकूफी पर आश्चर्यचकित था कि वे चुंग गा के हत्यारे का पता लगाने में इतना समय ले रहे हैं और अब तक उसका सुराग तक नहीं लगा पाये हैं। बागान के सारे पाँच सौ मजदूर यह जानते थे कि आह सान ने यह हत्या की है, और आह सान गिरफ्तार तक नहीं हुआ है। यह सच है कि मजदूरों ने तय कर लिया है कि कोई किसी के खिलाफ गवाही नहीं देगा, पर यह बिल्कुल आसान था कि फ्रांसीसी लोग पता लगा लेते कि आह सान ही हत्यारा है। बड़े बेवकूफ हैं ये फ्रांसीसी लोग।

आह चो ने ऐसा कुछ नहीं किया था कि वह डरता। उसका इस हत्या में कोई हाथ नहीं था। यह सच है कि वह वहाँ मौजूद था और शेमर, बागान का ओवरसियर, हत्या के तुरन्त बाद बैरक में दौड़ता हुआ आया था और वहीं उसने उसे पकड़ लिया। उसके साथ चार-पाँच लोग और पकड़े गये। पर इससे क्या? चुङ गा को सिर्फ दो चाकू लगे थे। जाहिर है कि चार-पाँच आदमी चाकू के सिर्फ दो घाव नहीं कर सकते। अगर एक आदमी ने एक चाकू मारा होगा तो यह सिर्फ दो लोगों का काम हो सकता है।

आह चो इसी तरह सोच रहा था जब वह अपने चार साथियों के साथ अदालत में घटना के बारे में बयान दे रहा था। उस वक्त उसे टोका जा रहा था, झूठा बताया जा रहा था और टोका जा रहा था। उसका और उसके साथियों का कहना था कि उन्होंने शोरगुल सुना तो शेमर की ही तरह भागकर घटनास्थल पर पहुँचे। वे शेमर से पहले पहुँचे, बस इतनी-सी बात थी। शेमर ने अपनी गवाही में कहा कि वह वहाँ से गुजर रहा था कि झगड़े की आवाज सुनाई दी। वह पाँच मिनट तक बाहर ही खड़ा

सुनता रहा और उसके बाद जब अन्दर गया तो उसने इन कैदियों को वहाँ देखा। वे तत्काल वहाँ नहीं पहुँचे थे क्योंकि वह बैरक की ओर वाले दरवाजे पर खड़ा था। पर, इससे क्या होता है! आह चो और उसके साथ के चारों कैदियों ने गवाही दी है कि शेमर को गलतफहमी हुई है। अन्त में उन्हें छोड़ दिया जायेगा। उन सबका यही विश्वास है। चाकू के दो घावों के लिए पाँच आदमी अपना सिर नहीं कटवा सकते। इसके अलावा और किसी बाहरी आदमी ने हत्या होते नहीं देखी; पर ये फ्रांसीसी लोग कितने बेवकूफ हैं! चीन में, जैसाकि आह चो अच्छी तरह जानता है, मजिस्ट्रेट सबको पिटवाता और सच उगलवा लेता। पिटवाके सच उगलवाना बहुत आसान होता है। पर ये फ्रांसीसी लोग पिटवाते नहीं हैं, बड़े बेवकूफ हैं ये लोग। इन लोगों को कभी पता नहीं चल पायेगा कि चुङ गा को किसने मारा।

पर आह चो नहीं समझता था। अंग्रेजों की उस कम्पनी ने, जिसका बागान था, भारी खर्च करके उन पाँच सौ मजदूरों को बाहर से ताहिती में मँगवाया था। कम्पनी के शेयरधारक लाभांश के लिए शोर मचा रहे थे और कम्पनी ने उन्हें अब तक कुछ नहीं दिया था। कम्पनी नहीं चाहती थी, उसके महँगे ठेके के मजदूर एक-दूसरे को मारते रहें। इसके अलावा यह बात भी थी कि फ्रांसीसी लोग इन चीनियों को यह दिखा देने के लिए बेचैन थे कि उनका कानून कितना बढ़िया है। यह अच्छा भी होता है कि कभी-कभी इस तरह का उदाहरण पेश कर दिया जाये और इसके अलावा, न्यू कैलीडोनिया की इसके सिवा जरूरत ही क्या थी कि वह गरीबी और दुख में रहने के लिए उन आदमियों को भेजता रहे जो कमजोर और मानवीय होने का दण्ड भोगते हैं?

आह चो ने यह सब नहीं समझा। वह अदालत में बैठा और उस रुके हुए फैसले की प्रतीक्षा करने लगा जो उसे और उसके चार साथियों को आजाद कर देता और फिर ये कपास बागान में पहुँचकर अपने ठेके के मुताबिक काम करना शुरू कर देते। फैसला जल्दी ही सुना दिया जायेगा। सुनवाई अब खत्म होनेवाली थी, इतना वह समझ रहा था। अब कोई जिरह नहीं हो रही थी। सवाल-जवाब भी नहीं हो रहे थे। शैतान फ्रांसीसी भी थक गये थे और जाहिरा तौर पर फैसले की प्रतीक्षा में थे। और प्रतीक्षा की इन्हीं घड़ियों में उसे अपने जीवन का वह क्षण याद आया जब उसने ठेके पर हस्ताक्षर किया था और ताहिती के लिए जहाज पर रवाना हुआ था। समुद्र के किनारे बसे उसके गाँव में जिन्दगी बहुत कठिन थी। और जब उसने पचास मेक्सिकन सेण्ट की दिहाड़ी पर मजदूरी के लिए अपने को अनुबंधित किया था तो उसने सोचा था कि वह भाग्यशाली है। उसके गाँव में ऐसे लोग भी थे जो दस मेक्सिकन डॉलर के लिए पूरे साल भटकते रहते थे और ऐसी महिलाएँ भी थीं जो पाँच डॉलर के लिए साल-भर जाल बुना करती थीं। दुकानदारों के यहाँ नौकरानियों को एक साल तक

काम करने के बदले सिर्फ चार डॉलर मिलते थे। और, उसे एक दिन में पचास सेण्ट मिलने वाले थे—एक दिन के लिए, सिर्फ एक दिन के लिए। यह काफी अच्छी रकम थी। क्या हुआ जो उसे बड़ी मेहनत करनी पड़ती थी। पाँच साल के बाद वह घर लौटेगा। अनुबन्ध में यह भी लिखा था। और, फिर उसे कभी काम नहीं करना पड़ेगा। वह जीवन-भर के लिए एक अमीर आदमी बन जायेगा। उसका एक घर होगा, एक बीवी होगी और बच्चे होंगे जो उसकी इज्जत करेंगे। और हाँ, घर के पिछवाड़े उसकी एक छोटी-सी फुलवारी होगी जो एक सुकून और आराम की जगह होगी। उसमें एक छोटे-से तालाब में मछलियाँ तैरती रहेंगी और पेड़ों में बँधी घंटियाँ टुनटुनाती रहेंगी और इन सबके चारों ओर एक ऊँची चहारदीवारी होगी ताकि सुकून और आराम में खलल न पहुँचे। हाँ, अब तो उसने इन पाँच वर्षों में से तीन वर्ष गुजार भी लिये हैं। वह अपने तौर पर एक अमीर आदमी बन भी गया है। अपनी ही कमाई की बदौलत। अब सिर्फ दो साल बचे हैं उसके सुकून और आराम की जिन्दगी तथा ताहिती में कपास की खेती के काम के बीच। लेकिन चुङ गा की हत्या के समय मौजूद रहने की दुर्भाग्यपूर्ण घटना के कारण अभी उसे अपनी कमाई का काफी पैसा खोना पड़ रहा है। उसे तीन सप्ताह तक जेल में रहना पड़ा और इस तीन सप्ताह के हर दिन उसे पचास सेण्ट खोना पड़ा। पर अब जल्दी ही फैसला हो जायेगा और वह वापस काम पर जा सकेगा।

आह चो बाईस साल का था। वह खुशमिजाज और अच्छे स्वभाव का था और हमेशा मुस्कुराता रहता था। वह एशियाई काट का दुबला-पतला आदमी था और उसका चेहरा गोल था—चन्द्रमा की तरह गोल। और उस पर नम्रता और दया का भाव बना रहता था जो आम तौर पर उसके देशवासियों के चेहरे पर नहीं पाया जाता था। वह देखने में भी कभी बदमाश नहीं लगता था। उसने कभी कोई परेशानी खड़ी नहीं की। कभी किसी झगड़े में नहीं पड़ा। कभी जुआ नहीं खेला। किसी जुआड़ी की तरह उसका दिल भी कड़ा नहीं था। वह छोटी-छोटी चीजों और छोटी-छोटी खुशियों से ही सन्तुष्ट रहता था। कपास के खेतों में दिन-भर की मेहनत के बाद जो शान्ति मिलती, वह उसके लिए बेहद सन्तोष का विषय था। वह किसी एक फूल को घंटों देखता रह सकता था और जिन्दगी के रहस्यों और उसकी पहेलियों के बारे में सोचता रह सकता था। रेतीले समुद्री किनारे पर एक नीला बगुला, उड़नेवाली मछली की चाँदी-सी चमक या समुद्री झील के उस पार सफेद और गुलाबी रंग में डूबा हुआ सूर्यास्त। ये सब उसे आकर्षित करते थे और वह दिन-भर के परिश्रम तथा शेमर के कोड़ों की मार को भूल जाता था। शेमर, कार्ल शेमर, एक निर्दयी आदमी था, बहुत ही निर्दयी। वह अपनी तनख्वाह के बदले भरपूर काम करता था। पाँच सौ गुलामों—हाँ, अनुबन्ध पूरा होने तक वे गुलाम ही थे—की ताकत की एक-एक बूँद वह निचोड़ डालता था।

पसीने से लथपथ पाँच सौ लोगों की देह से ताकत निचोड़ लेने और उन्हें निर्यात के लिए कपास की बड़ी-बड़ी गाँठों में बदल देने के लिए शेमर कड़ी मेहनत करता था। इसमें उसकी सहायता तीन इंच चौड़ी और एक गज लम्बी चमड़े की एक बेल्ट करती थी जिसे वह घोड़े पर सवार होकर हमेशा अपने साथ लेकर चलता। अकसर वह यूँ ही किसी मजदूर की झुकी हुई नंगी पीठ पर गोली चलने जैसी आवाज के साथ बेल्ट पटक देता था। जब शेमर खेतों पर जाता था तो ऐसे ही धमाके गूँजते रहते थे।

एक बार जब ठेके के पहले साल की शुरुआत थी, शेमर ने अपने एक ही मुक्के से एक मजदूर की जान ले ली। उसने उसके सिर को अण्डे की तरह नहीं फोड़ा था, पर उसका मुक्का भीतर जो कुछ भी था, उसको नुकसान पहुँचाने के लिए काफी था। एक सप्ताह बीमार रहने के बाद वह आदमी मर गया। लेकिन चिनागो लोगों ने इसकी शिकायत उन फ्रांसीसी शैतानों से नहीं की जो ताहिती पर शासन कर रहे थे। यह उनकी अपनी सोच थी। शेमर उनकी समस्या था। उससे वे वैसे ही बचते थे जैसे उन कनखजूरों के जहर से जो घास में छुपे होते या बरसाती रातों में सोये लोगों को काट लेते। चिनागो, जैसा कि उन्हें उस द्वीप पर रहनेवाले भूरी चमड़ी के स्थानीय लोग कहा करते थे, इस बात का ध्यान रखते थे कि वे शेमर को हद से ज्यादा नाराज न कर दें। इसका एक ही तरीका था कि उसके सामने भरपूर मेहनत और लगन से काम किया जाये। शेमर का वह मुक्का कम्पनी के लिए हजारों डॉलर की कीमत का सिद्ध हुआ और शेमर को इसके लिए किसी तरह की मुश्किल कभी नहीं उठानी पड़ी।

फ्रांसीसी उपनिवेश बनाने में माहिर नहीं थे और द्वीप के संसाधनों को विकसित करने के उनके बचकाने प्रयास असफल हो रहे थे, इसलिए वे अंग्रेज कम्पनी की कामयाबी से बड़े खुश थे। शेमर और उसके दुर्दांत मुक्के से क्या फर्क पड़ता था? लेकिन वह चिनागो जो मर गया? ठीक है, लेकिन वह तो महज एक चिनागो था। इसके अलावा वह लू लगने से मरा जैसाकि डॉक्टर ने अपने सार्टिफिकेट में लिखा था, जबकि सच्चाई यह है कि ताहिती के पूरे इतिहास में कभी कोई लू लगने से नहीं मरा। लेकिन ठीक यही बात तो उस चिनागो की मौत को खास बना देती है। डॉक्टर ने अपनी रिपोर्ट में सिर्फ इतना ही लिखा था। वह काफी निष्पक्ष था। मुआवजा अवश्य दिया जाना चाहिए, नहीं तो ताहिती की असफलता के लम्बे इतिहास में एक और असफलता जुड़ जायेगी।

इन सफेद शैतानों को समझना मुश्किल है। आह चो फैसले का इन्तजार करते हुए अदालत के कमरे में बैठे-बैठे उनके रहस्यों के बारे में सोच रहा था। कोई नहीं कह सकता कि उनके दिमाग में क्या है। उसने इन सफेद शैतानों में से कुछ को देखा था। ये सब एक जैसे हैं—जहाज के अफसर और नाविक, फ्रांसीसी अफसर, दूसरे सफेद लोग जो बागान में काम करते हैं और खुद शेमर। उनका दिमाग रहस्यमय

तरीके से काम करता था। उनसे पार पाना मुश्किल था। किसी स्पष्ट कारण के बगैर ही वे नाराज हो जाते और उनकी नाराजगी हमेशा खतरनाक होती थी। ऐसे समय में वे जंगली जानवरों की तरह हो जाते थे। वे छोटी-छोटी चीजों को लेकर परेशान रहते और कई बार वे किसी चिनागो से भी ज्यादा मेहनत कर सकते थे। वे चिनागो की तरह संयमी नहीं थे। वे पेटू थे। खूब खाते और खूब पीते थे। चिनागो यह नहीं समझ सकते कि कौन-सा काम उन्हें खुश करेगा, कौन-सा उन्हें नाराज कर देगा। कोई चिनागो यह नहीं बता सकता। कोई बात जो अभी उन्हें खुश कर रही है वही अगली बार उन्हें खूब नाराज कर सकती थी। इन सफेद शैतानों की आँखों के पीछे कोई पर्दा था जो उनके दिमाग को ढँक देता था और चिनागो उसे नहीं भाँप सकते, और फिर, सबसे बड़ी बात तो यह थी कि ये सफेद शैतान बड़े क्षमतावाले लोग थे। कोई भी काम करने की क्षमता, काम आगे बढ़ाने की क्षमता, परिणाम हासिल करने की क्षमता, सभी कमियों पर और ऐसी दूसरी चीजों पर अपनी इच्छा लागू करने की क्षमता—सब उनमें थी। ये गोरे लोग विचित्र और आकर्षक थे। वे शैतान थे। इस शेमर को ही देखो।

आह चो को आश्चर्य हो रहा था कि फैसला लेने में इतनी देर क्यों हो रही है। जिन लोगों पर मुकदमा चलाया जा रहा था, उनमें से किसी ने चुङ गा को हाथ भी नहीं लगाया था। आह सान ने अकेले उसे मारा था। आह सान ने ही उसे मारा था। उसने चुङ गा की चोटी पकड़कर उसका सिर पीछे खींचा और दूसरे हाथ से चाकू उसके शरीर में उतार दिया। उसने दो बार चाकू मारा। अदालत के कमरे में आह चो ने आँखें बन्द करके हत्या का वह दृश्य फिर से देखा। वह तू-तू-मैं-मैं, गालियों का आदान-प्रदान, बाप-दादों के बारे में अपशब्द, पीढ़ियों को गाली, आह सान का कूदना, चुङ गा की चोटी पकड़ना, वह चाकू जो उसके शरीर में दो बार उतरा, जोर से दरवाजे का खुलना, शेमर का आना, आह सान का भागना, शेमर के कोड़े का लहराना और सबको एक कोने में खड़ा करना और रिवॉल्वर से गोली चलाना जिससे शेमर के लिए तत्काल सहायता पहुँची। आह चो यह सब एक बार फिर सोचकर काँप उठा। उस कोड़े की एक मार उसके गाल पर पड़ी थी और कुछ चमड़ी नोच ले गई थी। शेमर ने कठघरे से गाल पर के उस घाव को दिखाया था और आह चो की शिनाख्त की थी। अब जाकर उसका निशान मिटा है। वह काफी गहरी चोट थी। आधा इंच और ऊपर लगती तो आँख ही ले जाती। आह चो फिर ये सारी बातें भूल गया और उस फुलवारी की बात सोचने लगा जो गाँव लौटने के बाद उसकी होनेवाली थी।

जब मजिस्ट्रेट फैसला सुना रहा था तब वह शान्त भाव से बैठा था। उसी तरह उसके चार साथियों के चेहरे भी शान्त थे। उस समय भी वे शान्त थे जब दुभाषिये ने बताया कि पाँचों चुङ गा की हत्या के दोषी पाये गये हैं और आह चाऊ को अपना

सिर कटवाना होगा। आह चो को न्यू कैलेडोनिया की जेल में बीस साल, वोङ ली को बारह साल और आह तोङ को दस साल जेल में काटने होंगे। इस पर उत्तेजित होने का कोई फायदा नहीं था। आह चाऊ भी इस पर किसी ममी की तरह भावहीन बना रहा। हालाँकि उसी का सिर काटा जाना था। मजिस्ट्रेट ने कुछ और कहा जिसे दुभाषिए ने इस तरह बताया कि शेमर के कोड़े से आह चाऊ के चेहरे पर सबसे अधिक चोट लगी थी इसलिए उसकी शिनाख्त सबसे पक्की हुई है और चूँकि एक आदमी को मरना ही होगा इसलिए वही वह आदमी हो सकता है। और चूँकि यह भी तथ्य है कि इसी तरह आह चो का चेहरा भी बुरी तरह घायल हुआ, जिससे हत्या के समय उसकी उपस्थिति और उसमें उसकी भागीदारी सिद्ध होती है, अतः उसे बीस साल के कठिन कारावास की सजा सुनाई जाती है। और आह तोङ को सिर्फ दस साल की सजा भी उसी अनुपात से है। अन्ततः अदालत ने कहा कि चिनागो को यह समझ लेना चाहिए कि चाहे जो कुछ भी क्यों न हो, ताहिती में कानून का पालन किया जायेगा।

पाँचों चीनियों को वापस जेल ले जाया गया। वे न तो भयभीत थे और न ही दुखी थे। सजा असम्भावित थी पर बिल्कुल वैसी ही थी जैसी उन गोरे शैतानों के अपने साथ व्यवहार के वे आदी थे। उनकी ओर से चिनागो शायद ही कभी असम्भावित से अधिक की उम्मीद करता था। जो अपराध उन्होंने नहीं किया हो, उसके लिए कठिन सजा उतनी आश्चर्यजनक नहीं थी जितना वे अनगिनत अजीबोगरीब व्यवहार जो गोरे शैतानों ने उनके साथ किया। अगले कुछ सप्ताह में आह चो ने आह चाऊ को कुछ जिज्ञासा से देखा। गिलोटीन से उसका सिर काटा जाना था जो बागान में लगाई जा रही थी। उसके लिए अब सालों के बीतने का कोई अर्थ नहीं रहेगा, शान्ति की फुलवारी नहीं होगी। आह चो ने जीवन और मृत्यु के बारे में दार्शनिक की तरह सोचा। जहाँ तक उसकी बात थी, उसे परेशानी नहीं थी। बीस साल महज बीस साल होते हैं। महज इतना था कि उसकी फुलवारी उससे छीन ली गई थी। वह जवान था और एशिया का धैर्य उसकी हड्डियों में था। वह बीस साल प्रतीक्षा कर सकता था। तब तक उसके खून की गर्मी शान्त हो जायेगी और फुलवारी में शान्त वातावरण के लिए वह और अधिक उपयुक्त हो जायेगा। उसने अपनी फुलवारी का एक नाम भी सोचा। वह उसे सुबह की शान्ति की बगिया कहेगा। दिन भर इस विचार से वह खुश रहा और धैर्य से होनेवाले लाभ पर एक सूक्ति कहने को प्रेरित हुआ जिसने खासतौर पर वोङ ली और आह तोङ को काफी आश्वस्त किया। आह चाऊ ने उस सूक्ति पर कोई ध्यान नहीं दिया। उसका सिर उसके धड़ से इतने कम समय बाद अलग कर दिया जानेवाला था कि उसे धैर्य से घटना की प्रतीक्षा करने की जरूरत नहीं थी। वह अच्छी तरह सिगरेट पीता रहा, खाना खाता रहा, सोता रहा

और समय की धीमी गति पर चिन्तित नहीं हुआ।

क्रुशो एक पुलिस अधिकारी था। उसने बीस साल तक विभिन्न उपनिवेशों में काम किया था। इनमें नाईजीरिया से सेनेगल और दक्षिणी समुद्र के इलाके तक शामिल थे, पर इन बीस वर्षों ने उसके ठस दिमाग को जरा भी नहीं बदला था। वह आज भी दक्षिणी फ्रांस में अपने किसानी के दिनों की तरह मन्द-बुद्धि और मूर्ख था। आज भी वह अनुशासन और हथियार के भय को समझता था और ईश्वर से लेकर पुलिस सार्जेण्ट तक वह इतना ही फर्क मानता था कि उनमें दासत्वपूर्ण आज्ञाकारिता की मात्रा बदल जाती थी जिसका वह पालन करता था। उसके दिमाग में पुलिस सार्जेंट का रुतबा भगवान से बड़ा था–रविवार को छोड़कर, जब ईश्वर के प्रवक्ता कुछ कहते थे। ईश्वर दूर की चीज था जबकि सार्जेन्ट बहुत पास था।

क्रुशो ने ही मुख्य न्यायाधीश का जेलर को लिखा आदेश प्राप्त किया था जिसमें लिखा था कि क्रुशो को आह चाऊ सौंप दिया जाये। अब हुआ यह कि मुख्य न्यायाधीश ने पिछली रात फ्रांसीसी सेना के कैप्टन और अधिकारियों को रात का भोज दिया था। जब उसने आदेश लिखा तब उसका हाथ नशे में काँप रहा था और उसकी आँखों में इतना दर्द हो रहा था कि उसने दुबारा उसे पढ़ा भी नहीं कि उसने क्या लिखा है। वैसे भी वह बस एक चिनागो की मौत के फरमान पर दस्तखत कर रहा था, इसलिए उसने यह नहीं देखा कि 'आह चाऊ' के नाम की जगह 'आह चो' लिख दिया है और जब क्रुशो ने आदेश जेलर के समक्ष पेश किया तो जेलर ने उसे आह चो को ही सौंप दिया। क्रुशो ने दो खच्चरोंवाली गाड़ी में उसे अपने साथ बैठाया और चल दिया।

आह चो धूप में बाहर निकलने पर खुश हुआ। वह पुलिसवाले की बगल में बैठा मुस्कुरा रहा था। वह और भी मुस्कुराया जब उसने देखा कि खच्चर दक्षिण की ओर अतिमाओनो की ओर मुड़े। निश्चय ही शेमर ने उसे वापस बुलाया होगा। शेमर उसे काम पर लेना चाहता होगा। अच्छी बात है। वह ठीक से काम करेगा। शेमर को शिकायत का मौका नहीं देगा। दिन गर्म था। वहाँ व्यापारियों के पड़ाव पर वे रुके। खच्चर पसीने से भीग गये थे। क्रुशो पसीने से भरा हुआ था और आह चो भी। लेकिन आह चो को गर्मी की सबसे कम चिन्ता थी। बागान में तीन वर्षों तक वह धूप में काम कर चुका था। वह इस कदर खुश था और ऐसे मुस्कुरा रहा था कि क्रुशो का ठस दिमाग भी आश्चर्य से घूम गया था। अन्त में उसने कहा, "तुम बड़े विचित्र आदमी हो।"

आह चो ने सिर हिलाकर और भी ज्यादा मुस्कुराया। क्रुशो उसके साथ मजिस्ट्रेट की तरह नहीं, बल्कि कनक भाषा में बोल रहा था, और वह सभी चिनागो और विदेशी शैतानों की तरह आह चो भी इसे समझ रहा था।

"तुम बहुत हँसते हो," क्रुशो ने उसे झिड़का। "ऐसे दिन तो मन आँसुओं से भरा होना चाहिए।"

"मैं इसलिए खुश हूँ कि मैं जेल से बाहर आ गया।"

"बस, यही बात है?" पुलिसवाले ने कंधे उचका दिये।

"क्या यह काफी नहीं है?" उसे जवाब मिला।

"मतलब तुम इसलिए खुश नहीं हो कि तुम्हारा सिर काटा जा रहा है?"

आह चो ने उसकी ओर अचानक उलझन-भरी आँखों से देखा और कहा, "क्यों? मैं शेमर के लिए बगीचे में काम करने अतिमाओनो जा रहा हूँ। क्या तुम मुझे अतिमाओनो नहीं ले जा रहे?"

क्रुशो ने अपनी मूँछों को ऐंठते हुए और खच्चरों को चाबुक मारते हुए कहा, "अच्छा-अच्छा, तो तुम्हें पता नहीं है?"

"क्या पता नहीं है?" आह चो को अब एक अस्पष्ट खतरा महसूस होने लगा। "क्या शेमर अब मुझे काम पर नहीं रखेगा?"

"आज के बाद नहीं," क्रुशो जोर से हँसा। यह एक अच्छा मजाक था। "देखो, तुम आज के बाद काम नहीं कर सकोगे। बिना सिर का आदमी काम नहीं कर सकता।" उसने चिनागो की पसलियों में खोदा और हँसा।

आह चो चुप रहा। इस बीच खच्चर गर्मी में एक मील की दूरी तय कर चुके थे। फिर उसने कहा, "क्या शेमर मेरा सिर काट लेगा?" क्रुशो ने हँसते हुए हामी भरी।

"यह एक गलती है," आह चो गम्भीर होकर बोला। "मैं वह चिनागो नहीं हूँ जिसका सिर काटा जाना है। मैं आह चो हूँ। जज साहब ने फैसला सुनाया है कि मैं न्यू कैलेडोनिया में बीस साल की कैद में रहूँगा।"

पुलिसवाला हँसा। यह एक अच्छा मजाक था। यह विचित्र चिनागो गिलोटीन को धोखा देना चाहता है। खच्चर झिलमिलाते समुद्र के किनारे-किनारे नारियल के बगीचे से होकर गुजर रहे थे।

आधा मील चलने के बाद आह चो ने कहा, "मैं आपको बता रहा हूँ कि मैं आह चाऊ नहीं हूँ। जज साहब ने मेरा सिर काटने को नहीं कहा था।"

"डरो मत।" क्रुशो ने अपने कैदी को आश्वस्त करने के उद्देश्य से कहा। "इस तरह से मरना मुश्किल नहीं होता।" उसने चुटकी बजाई। "यह फटाफट हो जाता है। बस, ऐसे ही। यह फाँसी की तरह किसी रस्सी के एक सिरे से लटकने और पाँच मिनट तक छटपटाने और मुँह बिगाड़ने जैसा नहीं है। यह किसी मुर्गी को छुरी से मारने जैसा है। बस, तुम उसका सिर काट देते हो, उतना ही। और यही आदमी के साथ होता है—खट्...और खत्म—इससे तकलीफ नहीं होती। तुम यह कतई मत सोचो कि इससे चोट लगती है। तुम सोच ही नहीं सकते। तुम्हारा सिर ही नहीं है इसलिए तुम सोच

ही नहीं सकते। यह बहुत अच्छा है। इसलिए मैं भी ऐसे ही मरना चाहता हूँ—फटाफट। अरे भाई, फटाफट! तुम बहुत सौभाग्यशाली हो कि इस तरह मर रहे हो। तुम्हें कोढ़ हो सकता है और गल-गलकर तुम मरोगे। पहले उँगली और फिर एक अँगूठा और तब पंजा। मैं एक आदमी को जानता हूँ जो गर्म पानी से जल गया था। उसे मरने में दो दिन लगे। उसकी चीख तुम एक किलोमीटर दूर से सुन सकते थे। लेकिन तुम, आह! यह कितना आसान है।—कच्! छुरा तुम्हारी गर्दन इस तरह काट देगा। बस, खत्म। छुरा गुदगुदाता भी है। कौन जाने, जो मर गये, वे बताने तो कभी आये नहीं!"

उसे अपनी आखिरी बात बड़ी मजाकिया लगी और वह आधे मिनट तक हँसते हुए उछलता रहा। उसकी हँसी एक हद तक बनावटी थी, पर उसने सोचा कि उस चिनागो को खुश करना उसका मानवीय कर्तव्य है।

"लेकिन मैं कह रहा हूँ कि मैं आह चो हूँ," आह चो ने कहा। "मैं अपना सिर कटवाना नहीं चाहता"।

क्रुशो की त्यौरी चढ़ गई। इस चिनागो ने अभी तक अपनी बेवकूफी नहीं छोड़ी है।

"मैं आह चाऊ नहीं हूँ," आह चो फिर से शुरू हुआ।

"बस बहुत हो गया," पुलिस ने कहा। उसने अपने गाल फुला लिये और नाराज दिखने की कोशिश की।

"मैं कह रहा हूँ मैं वह नहीं हूँ।" आह चो ने फिर कहा।

"चुप रहो!" क्रुशो चिल्लाया।

उसके बाद वे चुपचाप चलते रहे। अतिमाओने से पापीट बीस मील दूर है। लगभग आधी दूरी तय करने के बाद चिनागो ने फिर बोलने की कोशिश की।

"मैंने आपको हमेशा अदालत में देखा था जब जज साहब अपराध तय कर रहे थे," उसने शुरू किया। "ठीक है न? और क्या तुम्हें आह चाऊ की याद नहीं है जिसका सिर काटा जाना है—आह चाऊ? वह लम्बा आदमी? और मेरी ओर देखो।"

फिर वह अचानक खड़ा हो गया और क्रुशो ने देखा कि वह एक नाटा आदमी है और फिर अचानक क्रुशो को आह चाऊ की अपनी स्मृति में बसी तस्वीर की झलक मिली। उसमें आह चाऊ लम्बा था। उस पुलिसवाले को सभी चिनागो एक जैसे दीखते थे। हर चेहरा दूसरे जैसा। पर लम्बे और नाटे में वह भेद कर सकता था। और वह समझ गया कि उसके पास की सीट पर गलत आदमी बैठा है। उसने अचानक घोड़ों को रोक दिया जिससे वे दो पैरों पर खड़े हो गये।

"देखा, गलती हुई है!" आह चो ने खुश होकर मुस्कुराते हुए कहा।

लेकिन क्रुशो कुछ सोच रहा था। उसे अभी से पछतावा हो रहा था कि उसने

। रोककर गलती की है, वह मुख्य न्यायाधीश की गलती से अनजान था और वह सुधार नहीं सकता था, पर वह जानता था कि उसे इस चिनागो को अतिमाओनो जाना है। क्या फर्क पड़ता है कि वह एक गलत आदमी है, और वे लोग उसका (काट देंगे? वह सिर्फ एक चिनागो है और चिनागो होते क्या हैं? और यह भी सकता है कि यह गलती नहीं हो। वह नहीं जानता कि उसके अधिकारियों के माग में क्या है। वे अपना काम बेहतर जानते हैं। वह कौन है उनकी ओर से ाचनेवाला? एक बार बहुत दिन पहले वह उनकी ओर से सोचने लगा था तो सार्जेन्ट । कहा था–'क्रुशो, तुम मूर्ख हो। जितनी जल्दी जान सको, उतना ही तुम्हारे लिए अच्छा है। तुम सोचने के लिए यहाँ नहीं हो। तुम आदेश का पालन करो और सोचने का काम अपने ऊपरवालों पर छोड़ दो।' इस घटना को याद करके ही वह घबरा गया। अगर वह पापीट लौटता है तो अतिमाओनो में मौत की सजा देने में देरी हो जायेगी जिसका वह जिम्मेदार होगा और अगर उसका लौटना गलत होगा तो सार्जेन्ट जो कैदी की प्रतीक्षा कर रहा है, उसे डाँटेगा और फिर पापीट में भी उसे डाँट सुननी पड़ेगी।

उसने चाबुक से खच्चरों को कोंचा। अपनी घड़ी देखी, वह आधा घंटा पीछे था। सार्जेन्ट तो गुस्सा होगा ही। उसने खच्चरों को तेज भगाया। आह चो जितना उसे समझाने की कोशिश करता, क्रुशो उतना ही कड़ा रुख अपना लेता। यह जानकारी कि गलत आदमी को वह ले जा रहा है, उसकी सोच को नहीं बदल सकी। यह उसकी गलती से नहीं हुआ है। यह सोचकर वह और पक्का हो गया कि जो गलती वह कर रहा है, वह सही है। और अपने सार्जेन्ट को नाखुश करने के बजाय वह खुशी के साथ दर्जनभर बेगुनाह चीनियों को मौत के मुँह में भेजने को तैयार था।

जहाँ तक आह चो का सवाल था, पुलिसवाले ने चाबुक की मूठ से उसके सिर पर मारा और जोर से डाँटकर चुप रहने के लिए कहा। अब आह चो के लिए चुप रहने के अलावा और कोई काम नहीं था। लम्बी दूरी चुप्पी में तय हुई। आह चो विदेशी शैतानों के विचित्र तरीकों के बारे में सोच रहा था। उन्हें समझना नामुमकिन था। जो कुछ वे उसके साथ कर रहे थे वह उनके बाकी तमाम कामों का ही एक हिस्सा था। पहले उन्होंने पाँच मासूम लोगों को अपराधी ठहराया और अब वे उस आदमी का सिर काटेंगे जो उनकी अज्ञानता में भी बीस साल की कैद से भी अधिक सजा का हकदार नहीं था। वह कुछ नहीं कर सकता था। वह सिर्फ बैठे-बैठे देख सकता था कि उसकी जिन्दगी के ये मालिक उसके लिए क्या तय कर सकते हैं। एक बार वह घबरा गया और उसे पसीना छूटने लगा, पर उसने अपने को इस स्थिति से निकाला। वह सब कुछ भाग्य पर छोड़ देने की कोशिश में 'यिन-चिह वेन' (द ट्रैक्ट ऑफ द क्वाइट वे) के कुछ अंशों को याद करने और दुहराने की कोशिश करने लगा। लेकिन इसकी जगह वह अपने सपनों की फुलवारी की कल्पना करता रहा। इससे वह

परेशान हो गया जब तक कि वह सपने में अपनी फुलवारी में बैठा पेड़ों पर टँगी घंटियों के बजने की आवाज नहीं सुनने लगा। और आश्चर्य, सपने में इस तरह बैठे-बैठे उसे यिन चिह वेन की पुस्तक के वे अंश याद आने लगे।

इस तरह अतिमाओनो तक की दूरी अच्छी तरह कट गई और खच्चर फाँसी के तख्ते के पास तक पहुँच गये जहाँ सार्जेन्ट बेचैनी से इन्तजार कर रहा था। आह चो को फाँसी के तख्ते की सीढ़ी के पास तक ले जाया गया। अपने नीचे एक तरफ उसने देखा, बागान के सारे मजदूर इकट्ठा थे। शेमर ने तय किया था कि यह घटना मजदूरों के लिए एक अच्छी सीख हो सकती है। इसीलिए उसने सबको खेतों से बुला लिया था और उन्हें मौजूद रहने के लिए मजबूर किया था। जैसे ही, उन्होंने आह चो को देखा, उनके बीच फुसफुसाहट शुरू हो गई। उन्होंने भी गलती को महसूस किया लेकिन कुछ कहा नहीं। इन अबूझ गोरे शैतानों ने निस्सन्देह अपना फैसला बदल लिया है। एक मासूम आदमी की जान लेने की जगह वे एक दूसरे मासूम की जान ले रहे थे। आह चाऊ या आह चो, क्या फर्क पड़ता है! वे इन गोरे कुत्तों को कभी समझ नहीं सकते, जैसे वे गोरे कुत्ते उन्हें नहीं समझ सकते। आह चो अपना सिर कटवाने जा रहा था लेकिन वे अपनी मजदूरी के बचे हुए दो साल पूरा करके चीन वापस जानेवाले थे।

शेमर ने गिलोटीन खुद ही बनाया था। वह दस्तकारी जानता था और हालाँकि उसने कोई गिलोटिन नहीं देखा था पर फ्रांसीसी अधिकारियों ने उसका सिद्धान्त उसे समझा दिया था। उसके सुझाव पर वे तैयार हो गये थे कि सजा पापीट के स्थान पर अतिमाओनो में दी जाये। शेमर की दलील थी कि जहाँ अपराध होता है, सजा की जगह भी वही अच्छी होती है। और यह उन पाँच सौ चिनागो पर अच्छा प्रभाव भी डालेगा। शेमर ने जल्लाद की भूमिका भी निभाने का प्रस्ताव खुद ही किया था और इसलिए वह वहाँ उपस्थित था और अपनी बनायी मशीन के साथ प्रयोग कर रहा था। आदमी की गर्दन जितना मोटा केले का एक पेड़ गिलोटिन के अन्दर रखा हुआ था। आह चो ने आश्चर्यचकित आँखों से देखा। उस जर्मन ने एक छोटा हैण्डल घुमाया जिससे छुरा काफी ऊँचा पहुँच गया; फिर एक रस्सी को झटका देते ही छुरा फट से गिरा और केले का तना साफ-साफ कट गया। "कैसा काम कर रहा है?" सार्जेन्ट ने फाँसी के तख्ते के ऊपर चढ़ते हुए पूछा।

"खूबसूरती से," शेमर ने खुशी से जवाब दिया। "मुझे दिखाने दीजिए।" फिर उसने हैण्डल घुमाया। छुरे को ऊपर उठाया, रस्सी को झटका दिया और छुरे को धम से उस मुलायम पेड़ पर नीचे गिराया, पर इस बार वह दो-तिहाई हिस्से से अधिक नहीं काट पाया। सार्जेन्ट की त्यौरी चढ़ गई। "इससे काम नहीं चलेगा।"

शेमर ने अपने माथे का पसीना पोछा। "इस पर और वजन डालने की जरूरत

है।" वह बोला। फाँसी के तख्ते के किनारे पहुँचकर उसने लोहार को पच्चीस पौण्ड का लोहे का टुकड़ा लाने को कहा।

जब वह छुरे के ऊपर लोहे का वह टुकड़ा जोड़ रहा था तो आह चो ने सार्जेण्ट की ओर देखा और मौका देखकर बोला, "जज साहब ने आह चाऊ की गर्दन काटने को कहा था," उसने शुरू किया।

सार्जेण्ट ने बेचैनी से सिर हिलाया। वह मोतियों के व्यापारी लाफी रे की सुन्दर बेटी से मिलने जाने के बारे में सोच रहा था जो उसकी प्रतीक्षा कर रही थी और उसके लिए उसे पन्द्रह मील दूर टापू के दूसरी ओर तक जाना था।

"देखिए, मैं आह चाऊ नहीं हूँ, मैं आह चो हूँ। जज साहब ने गलती की है, आह चाऊ लम्बा आदमी है और मैं नाटा हूँ।"

सार्जेण्ट ने उसकी ओर जल्दीबाजी में देखा और गलती समझ गया। "शेमर।" उसने तुरन्त पुकारा, "यहाँ आओ।"

शेमर ने जवाब दिया पर जब तक लोहे का टुकड़ा उसने वहाँ लगा नहीं दिया, तब तक वहीं रहा।

"तुम्हारा चिनागो तैयार है," सार्जेण्ट ने उससे फिर पूछा। "देखो तो इसे, क्या यही वह चिनागो है?''

शेमर आश्चर्यचकित रह गया। वह कुछ सेकेण्ड तक बुदबुदाता रहा और अपने हाथों से बनाई मशीन की ओर देखता रहा जिसे वह काम करते हुए देखने को बेचैन था। "देखिए," अन्ततः उसने कहा, "हम इस काम को स्थगित नहीं कर सकते। उन पाँच सौ चीनियों ने तीन घंटे से काम नहीं किया है, हम यह नुकसान सही आदमी को पकड़कर लाने के लिए नहीं उठा सकते। हमें इस काम को इसी तरह पूरा कर लेना है। यह भी तो एक चिनागो ही है।"

सार्जेण्ट को अपने सामने की वह लम्बी दूरी जो तय करनी थी और उसे व्यापारी की बेटी की याद आई। वह उहापोह में फँस गया।

"अगर पता भी चल गया तो वे क्रुशो को दोषी ठहराएँगे," शेमर ने दलील दी। "लेकिन पता चलने की सम्भावना नहीं के बराबर है। आह चाऊ किसी भी कीमत पर यह भेद नहीं खोलेगा।"

''क्रुशो का दोष नहीं होगा।'' सार्जेण्ट ने कहा, "यह निश्चित ही जेलर की गलती होगी।''

''तो फिर हम अपना काम जारी रखें, वे हमें दोषी नहीं ठहरा सकते। कौन एक चिनागो से दूसरे में फर्क कर सकता है! हम कह सकते हैं कि हमने तो सिर्फ निर्देश का पालन किया, उस चिनागो के जरिये जो हमें सौंपा गया। और दोबारा इन सभी कुलियों को काम पर से हटाकर तो यहाँ नहीं लाया जा सकता।''

वे फ्रांसीसी में बात कर रहे थे और आह चो जो एक शब्द नहीं समझ सकता था, कभी जान नहीं पाया कि वे उसके भाग्य का फैसला कर रहे हैं। वह जानता था कि फैसला सार्जेण्ट को करना है, इसीलिए वह उसके होंठों की एक-एक गति को देखता रहा।

"अच्छी बात है," सार्जेण्ट ने घोषणा की। "काम जारी रखो। यह भी तो एक चिनागो है।"

"मैं एक बार फिर इसकी जाँच कर लेता हूँ। बस, आश्वस्त होने के लिए।" शेमर ने केले के पेड़ को फिर छुरे के नीचे रखा जो पहले से ही ऊपर उठा हुआ था।

आह चो ने 'यिन-चिह वेन' से सूक्ति याद करने की कोशिश की। 'सुसंगति में जीवन' उसे याद आया। पर यह काम का नहीं था। वह अब जीने नहीं जा रहा था। वह मरने ही वाला था। नहीं, उससे काम नहीं चलेगा। 'दुर्भावना को माफ करो', हाँ, पर माफ करने को कोई दुर्भावना नहीं थी। शेमर और दूसरे लोग यह सब बिना किसी दुर्भावना के कर रहे थे। यह उनके लिए महज एक काम था जिसे करना था--जैसे जंगल साफ करते हैं, पानी की नाली बनाते हैं, और कपास के पौधे लगाते हैं। उनके लिए यह काम है जिसे करना ही है। शेमर ने रस्सी झटकी और आह चो उस पुस्तक को भूल गया। छुरा घप से नीचे गिरा और पेड़ के साफ-साफ दो टुकड़े हो गये।

"अच्छा है," सार्जेण्ट ने सिगरेट जलाते हुए कहा, "अच्छा है, मेरे दोस्त!"

शेमर बड़ाई सुनकर खुश हुआ।

"आह चाऊ, इधर आओ।" उसने ताहिती भाषा में कहा।

"मैं आह चाऊ नहीं हूँ," आह चो शुरू हुआ।

"चुप!" जवाब मिला। "अगर मुँह खोला तो सर फोड़ दूँगा।" ओवरसियर ने उसे मुक्का दिखाया, और वह चुप हो गया।

विरोध करने से फायदा क्या था! वे विदेशी शैतान हमेशा अपनी मनमानी करते हैं। वह वहाँ सीधा खड़ा हो गया और उसकी लम्बाई जितने बड़े पटरे से उसे बाँध दिया गया।

शेमर ने बकलस अच्छी तरह कस दिये। फीते उसके मांस में धँस गये जिससे उसको कष्ट हुआ, पर उसने कुछ नहीं कहा। यह कष्ट बहुत देर का नहीं है। उसे महसूस हुआ कि पटरा हवा में उठा, और क्षैतिज स्थिति में पहुँच गया। उसने अपनी आँखें बन्द कर लीं। उसी क्षण उसे अपनी फुलवारी की अन्तिम झलक मिली। उसे लगा कि वह उसी में बैठा है। ठण्डी हवा बह रही थी, और पेड़ों में लगी घंटियाँ आहिस्ता-आहिस्ता बज रही थीं। चिड़ियाँ भी मधुर-मधुर बोल रही थीं, और दीवार के उस पार से ग्रामीण जीवन की ध्वनियाँ छन-छनकर आ रही थीं।

फिर उसे लगा कि पटरा ठहर गया और अपनी मांसपेशियों के दबाव और तनाव

से उसने जाना कि वह पीठ के बल लेटा है। उसने अपनी आँखें खोलीं। ठीक अपने ऊपर उसने धूप में चमकते छुरे को देखा। उसने उस वजन को देखा जो बाद में जोड़ा गया था और उसका ध्यान गया कि शेमर की लगाई एक गाँठ खुल गई है। फिर उसने सार्जेण्ट की आवाज सुनी, आदेश देती हुई। आह चो ने एकदम से अपनी आँखें बन्द कर लीं। वह छुरे को गिरते नहीं देखना चाहता था; पर उसने महसूस किया--सिर्फ एक क्षण के लिए। और उसी क्षण उसे क्रुशो की याद आई, क्रुशो ने जो कहा था उसे। लेकिन क्रुशो ने गलत कहा था। छुरे ने गुदगुदाया नहीं। इतना ही वह जान पाया कुछ भी जानने से वंचित होने से पहले।

जैक लण्डन की प्रमुख कृतियाँ

1900 The Son of the Wolf
1901 The God of His Fathers
1902 Children of the Frost
1902 The Cruise of the Dazzler
1902 A Daughter of the Snows
1903 The Kempton—Wace Letters
1903 The Call of the Wild
1903 The People of the Abyss
1904 The Faith of Men
1904 The Sea Wolf
1905 War of the Classes
1905 The Game
1905 Tales of the Fish Patrol
1906 Moon-Face and Other Stories
1906 White Fang
1907 Before Adam
1907 Love of Life and Other Stories
1908 The Iron Heel
1909 Martin Eden
1910 Lost Face
1910 Revolution and Other Essays
1910 Burning Daylight
1911 When God Laughs and Other Stories
1911 South Sea Tales
1912 The House of Pride and Other Stories
1912 A Son of the Sun
1912 Smoke Bellews
1913 The Night-Born

1913 The Abysmal Brute
1913 John Barleycorn
1913 The Valley of the Moon
1914 The Strength of the Strong
1914 The Mutiny of the Elsinore
1915 The Scarlet Plague
1915 The Star Rover
1916 The Little Lady of the Big House
1916 The Turtles of Tasmania
1917 The Human Drift
1917 Jerry of the Islands
1917 Michael Brother of Jerry
1918 The Red One
1919 On the Makaloa Mat
1920 Hearts of Three
1922 Dutch Courage and Other Stories
1963 The Assassination Bureau (completed by Robert L. Fish)

जैक लण्डन की कृतियों पर बनी फिल्में

1. The Iron Heel of Oligarchy (Russian,1998, novel The Iron Heel)
2. The Call of the Wild Dog of the Yukon (1997, novel Call of the Wild)
3. The Call of the Wild (1997, TV, novel)
4. The Sea Wolf (1997, novel)
5. 'Chercheurs d'or' (1996, mini TV Series, novel)
6. Grand nord (1994, TV, story Smoke Bellew)
7. Call of the Wild (1993, TV)
8. The Sea Wolf (1993, TV, novel)
9. White Fang (1991, novel)
10. Smoke and Shorty (1990, Story)
11. The Dog Who Could Sing (1990, Story)
12. The Theft (1982, TV, play)
13. Klondike Fever (1980, novel)
14. Martin Eden (1979, mini TV Series, novel)

42. Burning Daylight (1928, novel)
43. The Devil's Skipper (1928, story Demetrios Contos)
44. The Haunted Ship (1927, story White and Yellow)
45. The Sea Wolf (1926, novel)
46. Morganson's Finish (1926, story)
47. Po zakonu (1926, story The Unexpected)
48. White Fang (1925, story)
49. Adventure (1925, novel)
50. Call of the Wild (1923, novel)
51. Abysmal Brute (1923, novel)
52. The Mohican's Daughter (1922, story The Story of Jees Uck)
53. The Son of the Wolf (1922, story)
54. Burning Daylight (1920, novel)
55. The Sea Wolf (1920, novel)
56. The Star Rover (1920, novel)
57. An Odyssey of the North (1914, story)
58. Martin Eden (1914, novel)
59. The Chechako (1914, story Smoke Bellew)
60. John Barleycorn (1914, novel)
61. The Valley of the Moon (1914, novel)
62. The Sea Wolf (1913, novel)
63. Two Men of the Desert (1913, novel)
64. The Call of the Wild (1908, novel)
65. For Love of Gold (1908, story Just Meat)

(1913 में बनी 'दि सी वुल्फ' में जैक लण्डन ने एक जहाजी की भूमिका भी निभाई। उसी वर्ष बनी 'साउथ सी एडवेंचर्स' में वे खुद अपनी भूमिका में नजर आये।)

15. The Lost Gold of the Incas (German, 1977, TV, story The Hussy)
16. The Call of the Wild (1976, TV, novel)
17. Burning Daylight (1975, mini TV Series, novel)
18. Il Lupo dei mari, (French, 1975) (novel The Sea Wolf)
    The Legend of Sea Wolf (USA, 1975)
19. The Great Adventure (French, 1975, novel)
20. Ruf der Wildnis (1972) (novel) (Germany)
    ... Appel de la forêt, L' (1972) (France)
    ... Call of the Wild (1972) (USA)
    ... Richiamo della foresta, Il (1972) (Italy)
    ... Selva blanca, La (1972) (Spain)
21. Anna Bianca (1972) (novel) (Germany)
    ... Colmillo Blanco (1974) (Spain)
    ... Croc-blanc (1972) (France)
    ... White Fang (1972) (USA)
22. Der Seewolf, (German, 1971, mini TV Series, novel The Sea Wolf)
23. The Assassination Bureau (1969, novel)
24. Wolf Larsen (1958, novel The Sea Wolf)
25. The Fighter (1952, story The Mexican)
26. Barricade (1950, novel The Sea Wolf)
27. Alaska (1944, story Flush of Gold)
28. The Adventures of Martin Eden (1942, (story)
29. The Sea Wolf (1941, novel)
30. Queen of the Yukon (1940, story)
31. Romance of the Redwoods (1939, novel The White Silence)
32. Wolf Call (1939, novel)
33. Conflict (1936, novel The Abysmal Brute)
34. White Fang (1936, novel)
35. The Call of the Wild (1935, novel)
36. The Sea Wolf (1930, novel)
37. Construire un feu (French, 1929, Story To Build a Fire)
38. Smoke Bellew (1929, story)
39. Tropical Nights (1928, story A Raid on the Oyster Pirates)
40. Prowlers of the Sea (1928, story The Siege of the Lancashire Queen)
41. Stormy Waters (1928, story Yellow Handkerchief)